오늘도 내일도 **핸드메이드 원피스**

HANDIS

contents

p.4 앞트임 원피스

p.6 플레어 원피스

p.8 사이드 주름 원피스

p.10 벌룬 소매 원피스

p.12 요크 주름 원피스

p.14 스트링 원피스

p.16 티어드 원피스

p.18 / p.20 돌먼 로브 카디건

p.22 스탠드 칼라 원피스

p.24 점퍼스커트

p.26 턱 원피스

p.28 후드 코트 원피스

p.30 프릴 팬츠

p.32 INDEX

p.33 제작의 기초 이해하기

p.80 실물 크기 패턴 사용 방법

작품의 사이즈와 실물크기 패턴

* 작품의 사이즈는 S·M·L 총 3가지 사이즈로 소개하고 있습니다.

* 작품은 실물 크기 패턴으로 서적과 함께 동봉되어 있습니다. 일부 축도 패턴은 각 작품의 만드는 방법 페이지에 기재된 '패턴 준비하기'를 참고하여 직접 그려서 사용합니다.

* P.80의 [실물 크기 패턴 사용 방법]을 확인 후, 패턴을 다른 종이에 베껴 사용합니다.

앞트임 원피스

how to make   p.34

전체적으로 볼륨 있는 핏의 원피스에 깊은 브이넥 트임을 더하면 단정하면서도 멋스러운 아이템이 완성됩니다. 2번 원피스는 밑단 쪽에 프린지 레이스를 달아 한층 더 시원하게 보이도록 만들었습니다.

1

2

속바지 / p.31-no.20

플레어 원피스
how to make　p.38

밑단으로 갈수록 퍼지는 A라인의 원피스입니다. 3번 원피스는 폭이 넓은 스트라이프 원단으로 캐주얼하게 만들었고, 4번 원피스는 얇은 리넨으로 만들어 러플 칼라를 덧달아 귀엽게 포인트를 더했습니다.

사이드 주름 원피스

how to make   p.42

스트라이프 무늬의 코튼 리넨으로 만든 원피스입니다.
스트라이프의 방향을 가로, 세로로 다양하게 사용하여
포인트를 주었고, 사이드 절개에 주름을 잡아 풍성한
실루엣으로 완성했습니다.

벌룬 소매 원피스

how to make   p.42

바이올렛색의 예쁜 보타니컬 자수 원단으로 만든 원피스입니다. 5번 원피스에서 벌룬 소매로 변형하여 더욱 여성스러운 스타일로 만들었습니다.

6

요크 주름 원피스
how to make   p.46

요크 절개 부분에 잔잔한 주름을 잡아 포인트를 준 원피스입니다. 7번 원피스는 사계절 내내 입을 수 있는 칠부 소매로 만들었습니다. 8번 원피스는 슬리브리스 스타일로, 허리끈을 묶어 다양한 스타일링이 가능한 아이템입니다.

스트링 원피스
how to make   p.50

스트링을 달아 포인트를 준 여성스러운 원피스입니다. 네크라인에는 끈감을, 소매에는 고무줄을 넣어 프릴 주름을 살렸습니다. 화보처럼 청량감 있는 색상의 스트라이프 원단으로 만들면 더욱 화사하게 보입니다.

9

티어드 원피스
how to make   p.54

풍성한 주름이 설레게 만드는 4단 티어드 원피스입니다. 다양한 상의와 매치하기 쉬운 10번 원피스는 스트라이프 무늬의 시어서커 원단으로 만들었으며, 11번 원피스는 면 헴프 거즈 원단의 컬러감이 강한 원단으로 만들어 색상 하나만으로 포인트를 주었습니다.

10

돌먼 로브 카디건
how to make　p.58

몸판과 소매가 한 번에 이어진 돌먼 로브 카디건입니다. 넉넉한 실루엣으로 다양한 아이템과 레이어드하기 좋은 아이템입니다. 앞여밈은 끈으로 묶어 귀엽게 포인트를 주었습니다.

12

속바지 / p.31-no.21

돌먼 로브 카디건
how to make p.58

12번 카디건과 디자인이 같은 13번 카디건은 얇게 가공한 아사 원단으로 가볍게 만들었습니다. 앞·뒤를 바꿔 입으면 또 다른 느낌의 로맨틱한 스타일이 완성됩니다.

스탠드 칼라 원피스

how to make　p.62

멋스러운 스탠드칼라 원피스입니다. 블록체크 원단으로 만든 14번 원피스는 매니시한 느낌으로, 무지 원단으로 만든 15번 원피스는 내추럴한 느낌으로 다양하게 연출이 가능합니다.

점퍼스커트

how to make p.74

프로방스풍의 점퍼스커트는 목둘레와 암홀 둘레에 여유가 있어 후드 티셔츠나 벌룬 블라우스와도 잘 어울리는 아이템입니다. 옆선 쪽의 끈으로 주름을 잡으면 원하는 스타일의 핏으로 연출이 가능합니다.

턱 원피스

how to make   p.66

간단하게 만들 수 있는 턱 원피스입니다. 17번 원피스처럼 허리에 끈을 묶어 포인트를 주어도 좋고, 리본 없이 심플하게 입어도 멋스러운 아이템입니다. 18번 원피스는 선명한 블루 색상의 원단으로 칠부 소매로 만들었습니다.

17

후드 코트 원피스

how to make   p.70

한 벌로 원피스처럼 입어도 좋고, 아우터처럼 입을 수도 있는 활용도 좋은 후드 코트 원피스입니다. 소매는 탭을 달아 걷어 올릴 수 있도록 디테일을 살렸습니다.

프릴 팬츠
how to make   p.77

원피스와 레이어드하여 입을 수 있고, 단독으로도 입을 수 있는 프릴 팬츠입니다. 무릎 위치에 절개를 넣어 주름을 잡아 볼륨을 더했습니다. 여러 벌 만들어 두면 사계절 내내 활용하기 좋은 아이템입니다.

INDEX

p.4-1　p.5-2　　　p.6-3　p.7-4

how to make **p.34**　　　how to make **p.38**

p.8-5　p.10-6　　p.12-7　p.13-8　p.14-9

how to make **p.42**　　how to make **p.46**　　how to make **p.50**

p.16-10　p.17-11　　p.18-12　p.20-13

how to make **p.54**　　how to make **p.58**

p.22-14　p.22-15　　p.24-16　　p.26-17　p.27-18

how to make **p.62**　　how to make **p.74**　　how to make **p.66**

p.28-19　　p.30-20　p.30-21

how to make **p.70**　　how to make **p.77**

Let's get started!

제작의 기초 이해하기

사이즈표(체촌 치수)

항목	사이즈	S	M	L
둘레치수	가슴둘레	80	84	88
	허리둘레	62	66	70
	엉덩이둘레	86	90	94
길이치수	등길이	37	38	39
	허리길이	19	20	21
	밑위길이	25	26	27
	밑아래길이	62	65	68
	소매길이	51	52	53
	신장	153	158	163

(단위 cm)

제도 기호

───	완성선(굵은 지시선)	⟷	올 방향(화살표 방향을 원단의 식서에 맞춘다)
───	안내선(가는 지시선)	⌢⌢⌢	등분선(같은 치수를 나타낸다)
─ ─ ─	골선, 접음선	● ○ × △ ◉ ⊗ etc.	같은 기호끼리 맞춰서 봉합하는 표시
⌐	직각 표시	▦	접착심(소잉심지)
⊖	연결하여 맞추는 표시		턱 표시를 나타낸다 (빗금이 높은 쪽에서 낮은 쪽으로 원단을 잡는다)
+	패턴에서 단추 모양		
○	만드는 방법에서 단추 모양		

재단 배치도 보는 법

서적의 실물 크기 패턴에는 시접이 포함되어 있지 않습니다. 만드는 방법 페이지와 [재단 배치도]를 참고하여 시접을 더해주고, 원단을 재단합니다.

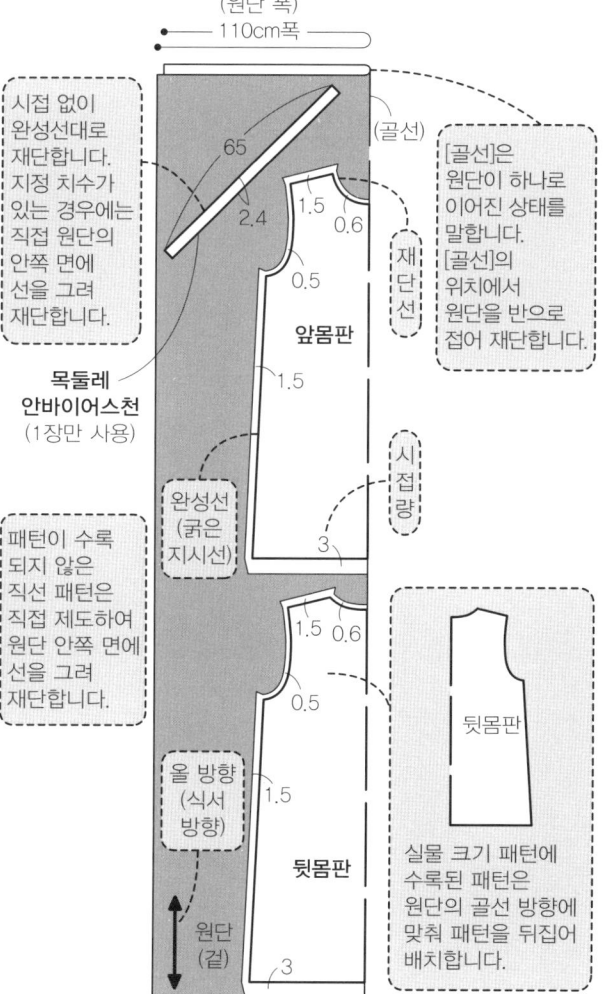

표시 주는 방법

◆2장 함께 재단한 경우
원단 사이(안쪽 면에) 양면 초크 페이퍼를 끼우고, 소프트 룰렛으로 완성선을 따라 그려줍니다. 맞춤점과 주머니 다는 곳 등 잊지 말고 옮겨 그려주세요.

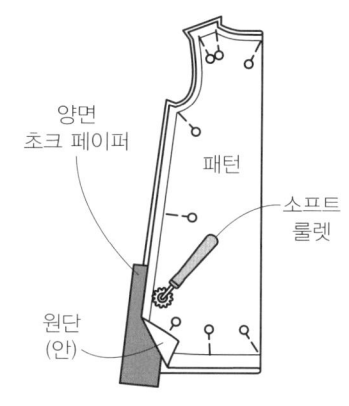

◆1장씩 재단한 경우
원단의 안쪽 면과 단면 초크 페이퍼의 초크가 묻은 면을 맞대고, 소프트 룰렛으로 완성선을 따라 그려줍니다.

접착심(소잉심지) 붙이는 방법

다리미는 문지르지 않고 누르는 면을 절반씩 겹쳐 빈틈이 생기지 않도록 꾹꾹 눌러 가면서 접착심(소잉심지)을 붙인다.

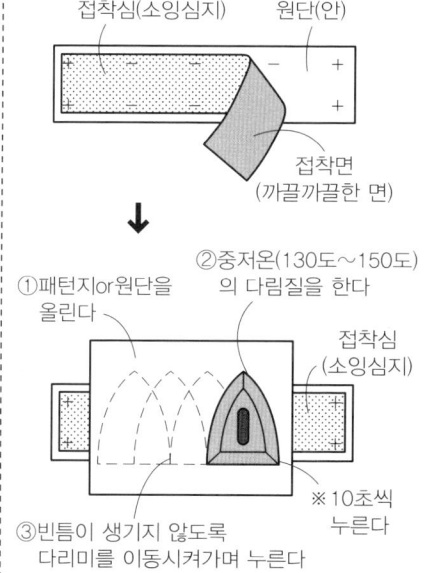

미싱 봉제 Tip

봉합의 시작과 끝은 바늘땀이 풀리지 않도록 되돌아 박기를 합니다. 반복하여 재봉선 위를 2~3회 겹쳐 봉합합니다.

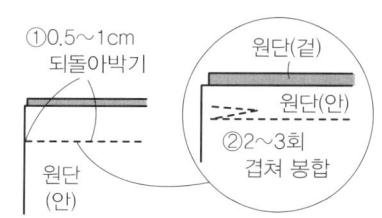

작품의 완성 사이즈

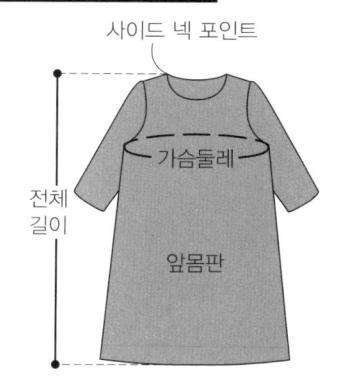

1 photo / p.4

재료		S	M	L
1번 겉감 (리넨)	110cm폭	370cm	380cm	390cm
2번 겉감 (리넨)	108cm폭	380cm	390cm	400cm
접착심 (소잉심지)	112cm폭	40cm	40cm	40cm
2번 레이스	2.5cm폭	280cm	280cm	290cm
완성 사이즈	가슴둘레	136cm	140cm	144cm
	옷길이	112cm	115cm	118cm

2 photo / p.5

패턴 준비하기   A면 1번 패턴을 사용합니다.

◆ 사용 실물 패턴…앞몸판/뒷몸판/앞안단/뒤안단

* 앞·뒤스커트, 2번의 앞·뒤밑단은 아래 축도패턴에 기재된 치수로 직접 제도하여 사용합니다.

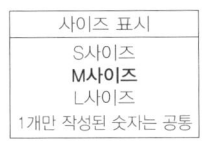

사이즈 표시
S사이즈
M사이즈
L사이즈
1개만 작성된 숫자는 공통

1번 재단 배치도

- 지정 이외의 시접은 1cm
- ▓ 부분에 접착심(소잉심지)을 붙인다
- ∿ 부분에 지그재그 봉제 또는 오버록 처리한다

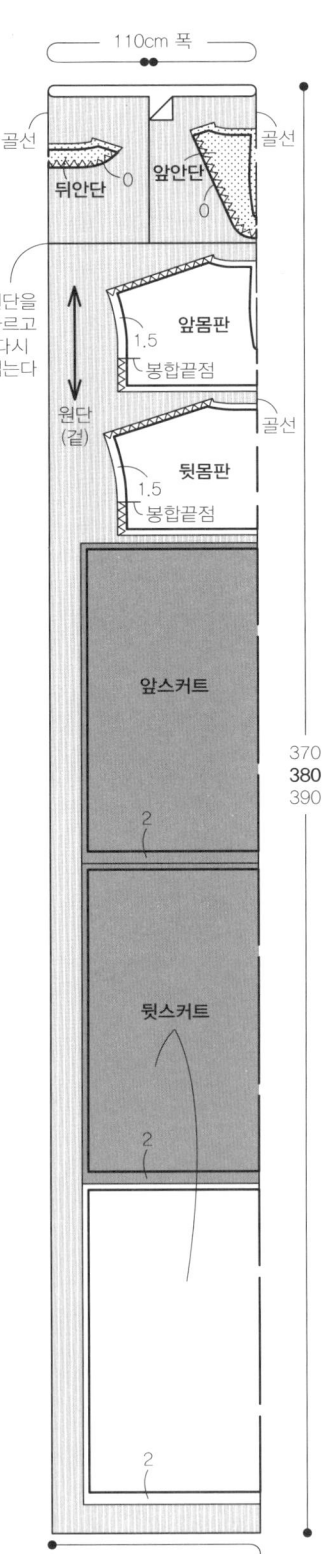

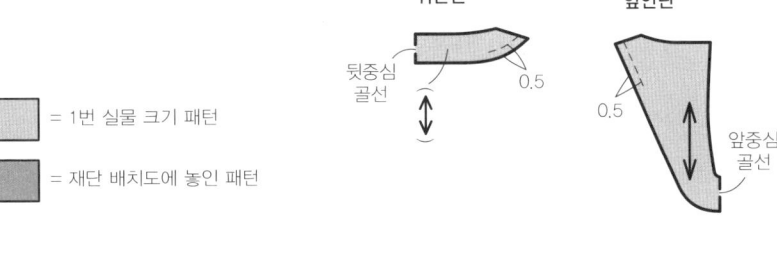

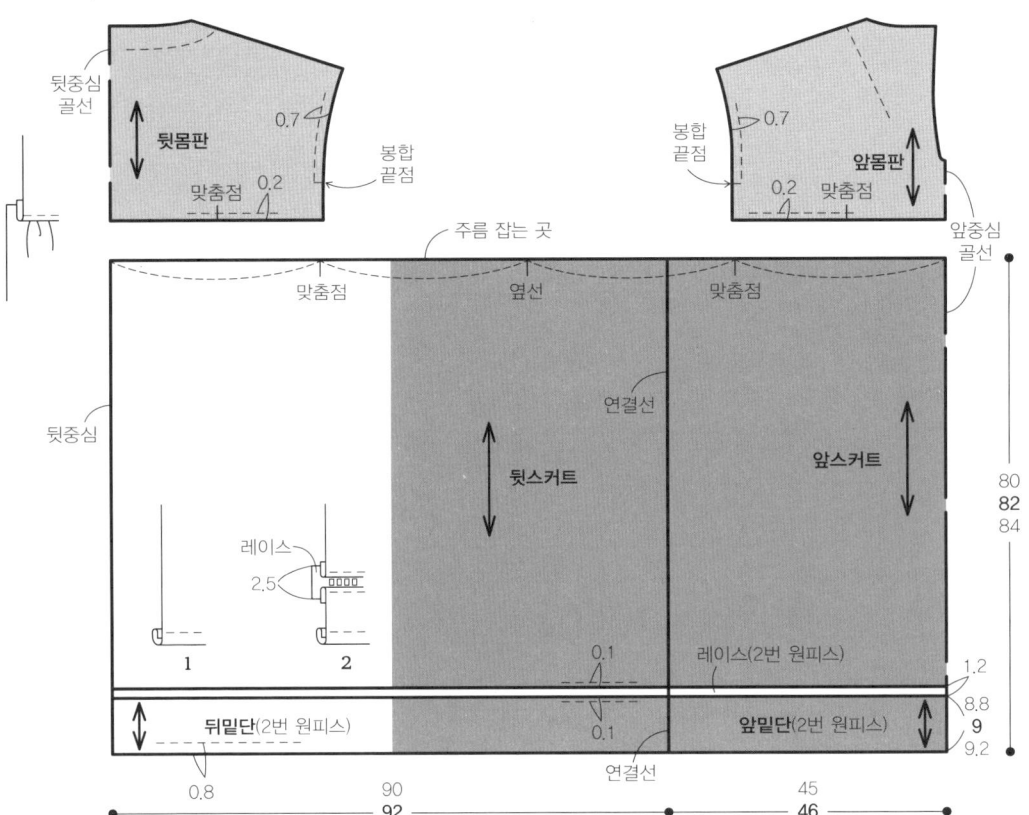

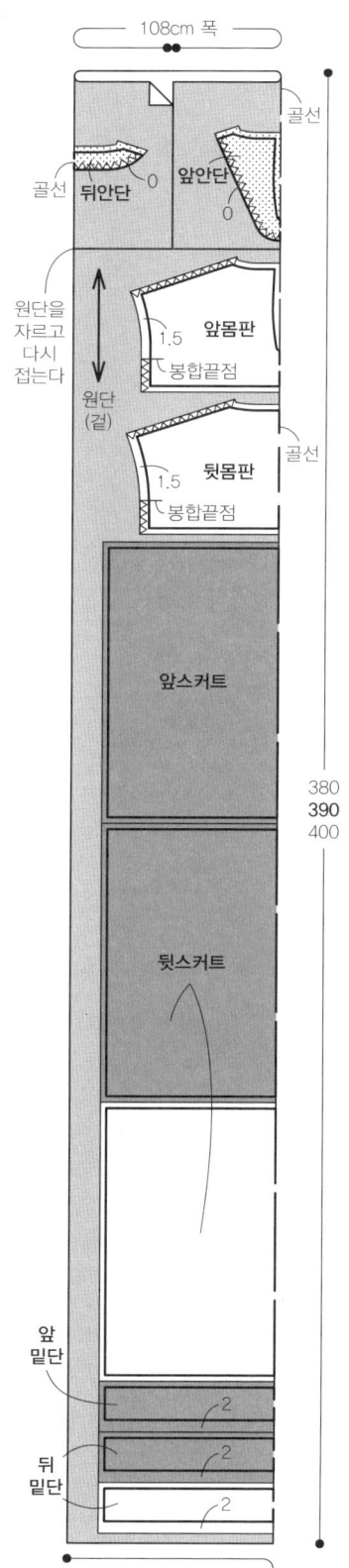

만드는 순서

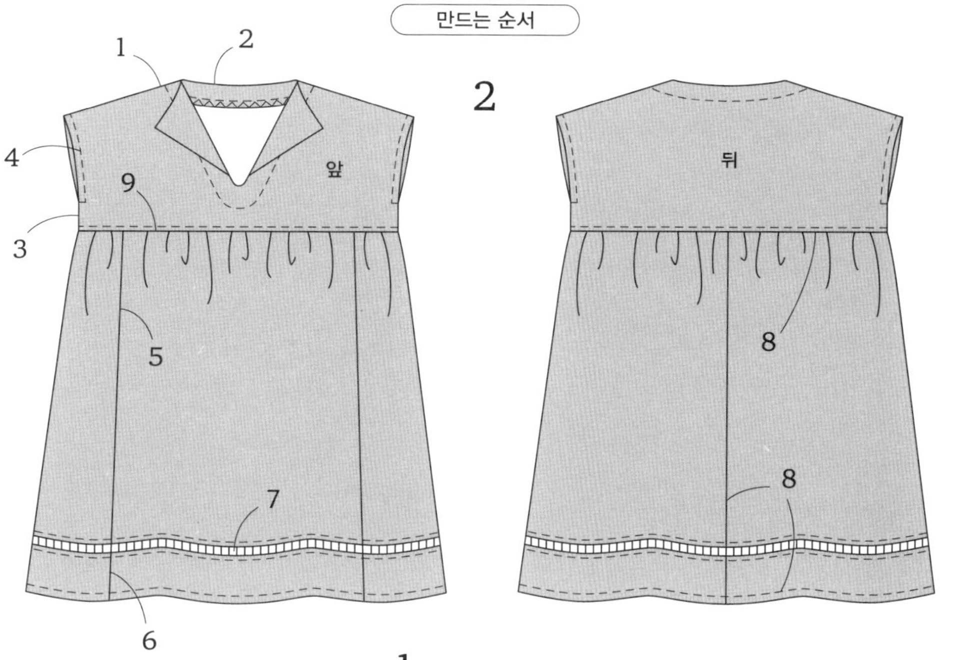

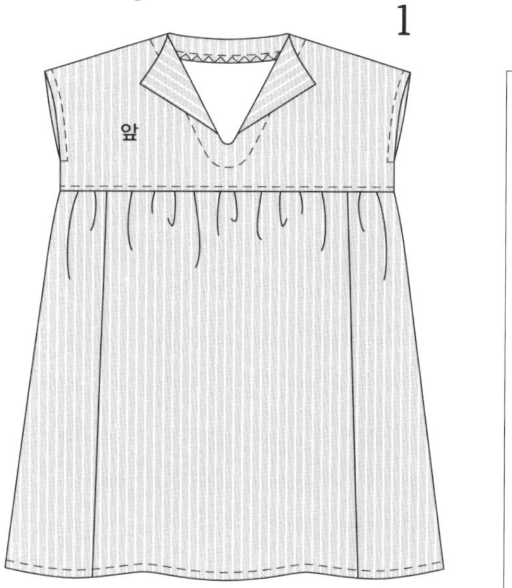

만드는 방법

1 안단과 몸판의 어깨를 봉합한다

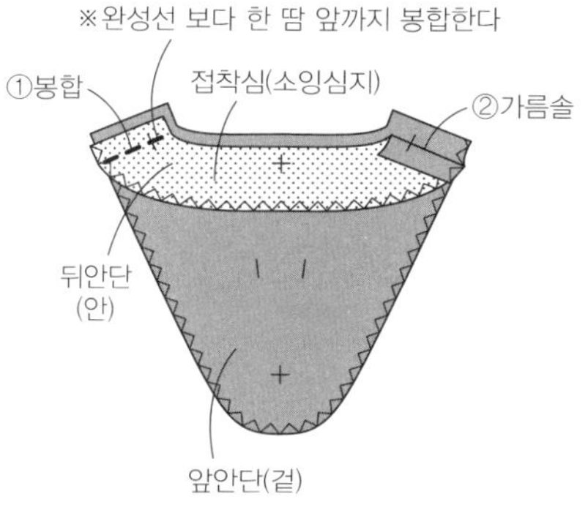

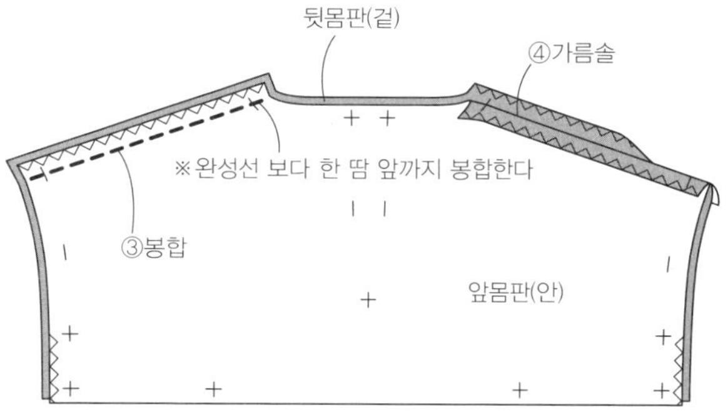

2 몸판에 안단을 단다

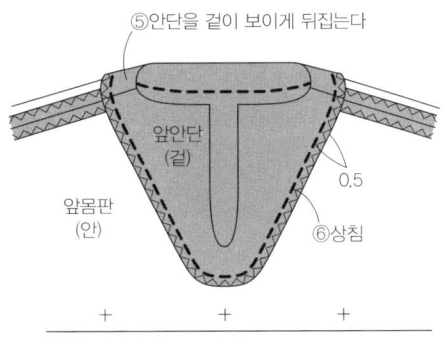

3 몸판의 옆선을 봉합한다

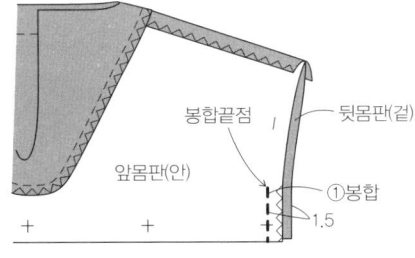

※반대쪽도 ①과정과 같은 방법으로 만든다

4 몸판의 암홀둘레를 정리한다

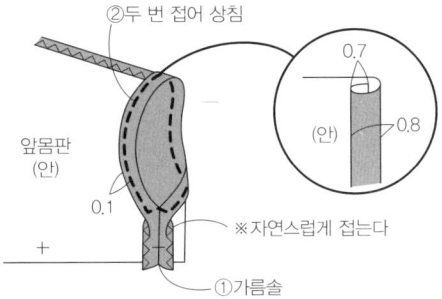

※몸판 겉에서 상침한다
※반대쪽도 ①~②과정과 같은 방법으로 만든다

5 스커트의 연결선을 연결한다

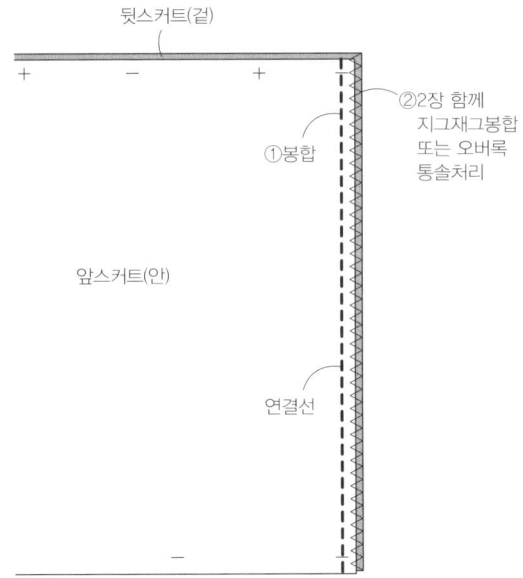

※반대쪽도 ①~②과정과 같은 방법으로 만든다

6 밑단의 연결선을 연결한다 (2번 원피스)

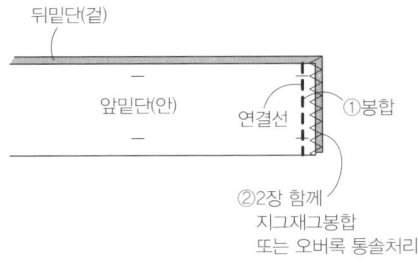

※반대쪽도 ①~②과정과 같은 방법으로 만든다

7 스커트와 밑단 사이에 레이스를 단다 (2번 원피스)

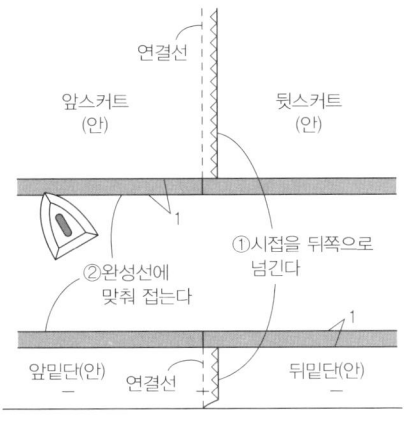

※반대쪽도 ①~②과정과 같은 방법으로 만든다

※스커트와 레이스도 ④과정과 같은 방법으로 만든다

8 스커트의 허리둘레에 주름을 잡고, 뒷중심을 연결한 뒤, 밑단을 정리한다

9 몸판에 스커트를 단다

완성

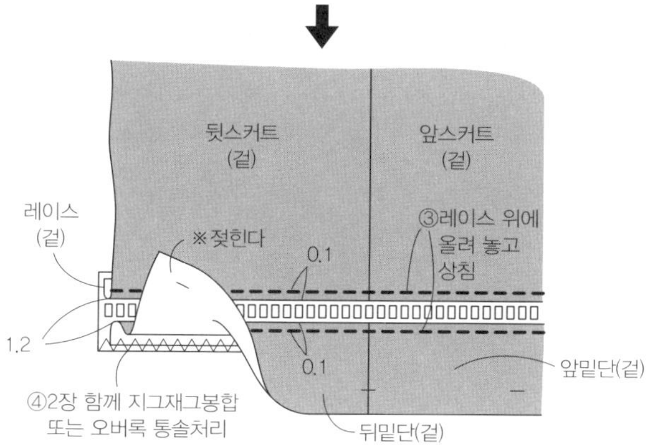

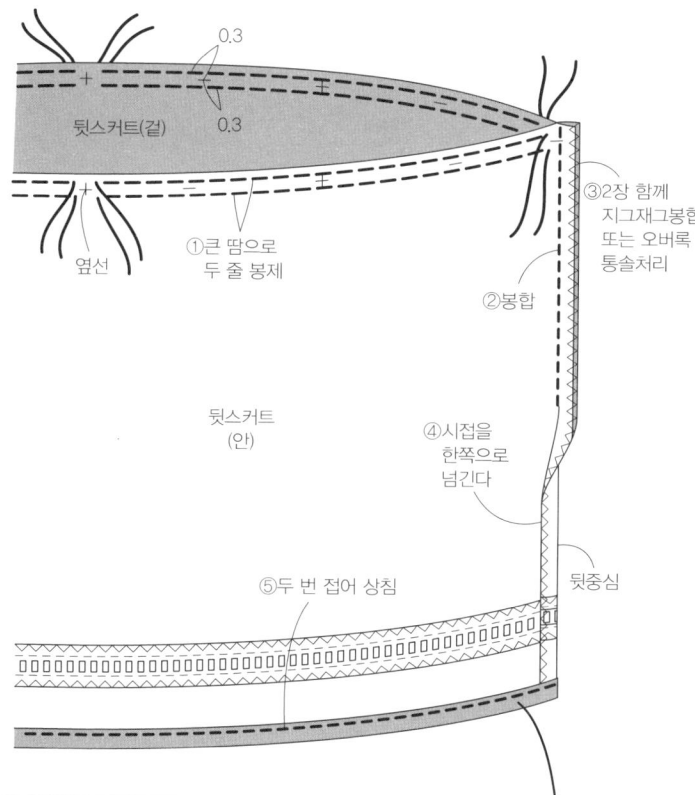

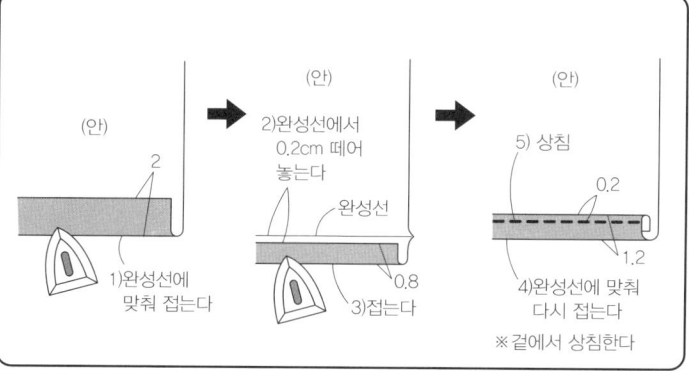

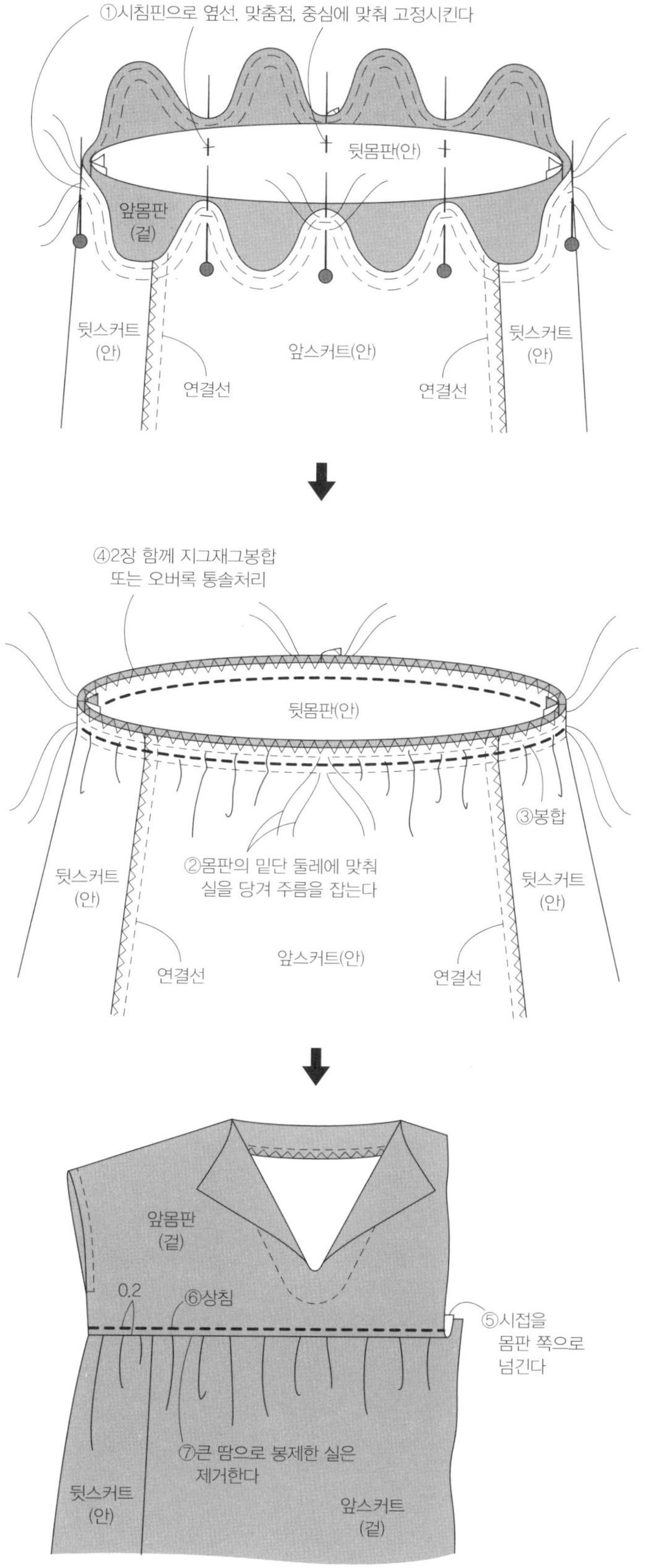

3 photo / p.6   4 photo / p.7

재료		S	M	L
3번 겉감 (코튼리넨)	110cm폭	350cm	360cm	370cm
4번 겉감 (리넨)	108cm폭	410cm	420cm	430cm
◆겉감 원단의 소요량에 맞춰 몸판과 주머니를 돌려서 배치하여 재단합니다. (재단 배치도 참고)				
◆패턴을 정방향으로 배치하여 재단할 경우 3겉감		460cm	470cm	480cm
	4겉감	510cm	520cm	530cm
완성 사이즈	가슴둘레	116cm	120cm	124cm
	옷길이	109cm	112cm	115cm

패턴 준비하기
A면 4번 패턴을 사용합니다.

◆ 사용 실물 패턴…앞몸판/뒷몸판/주머니/칼라(4번 원피스)

* 앞몸판과 뒷몸판의 실물 크기 패턴이 합쳐있기 때문에 각각 베껴 사용합니다.
* 길이가 긴 패턴은 분리하여 수록하였습니다. 맞춤점에 맞춰 한 장으로 연결해주세요.

▨ = 4번 실물 크기 패턴

사이즈 표시
S사이즈
M사이즈
L사이즈
1개만 작성된 숫자는 공통

재단 배치도

· 지정 이외의 시접은 1cm
· ～～ 부분에 지그재그 봉제 또는 오버록 처리한다
· 암홀둘레, 목둘레 안바이어스천은 직접 제도하여 사용합니다

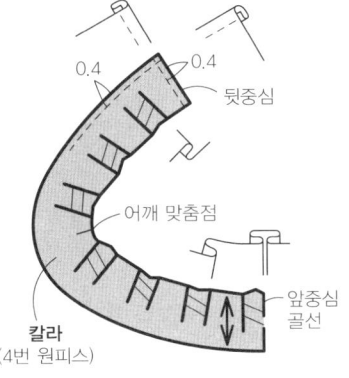
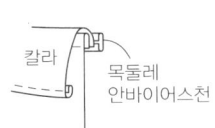
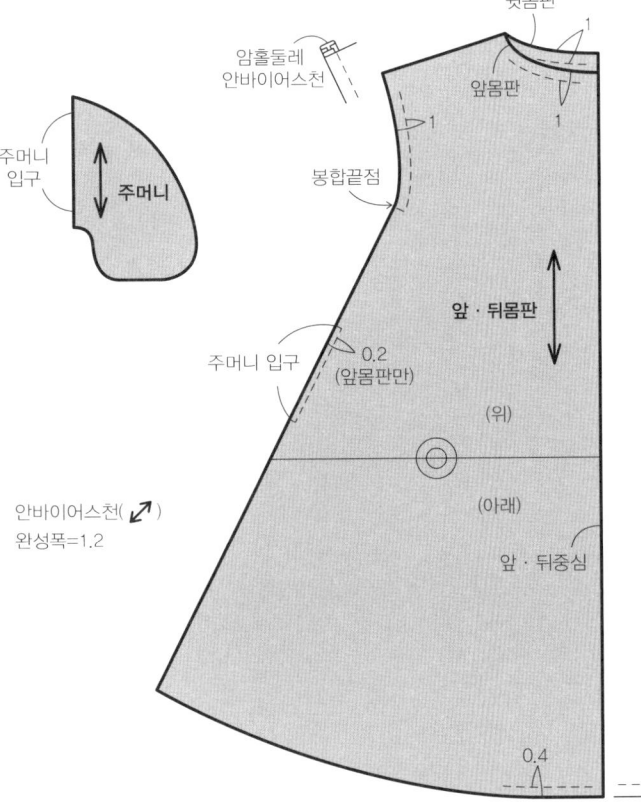
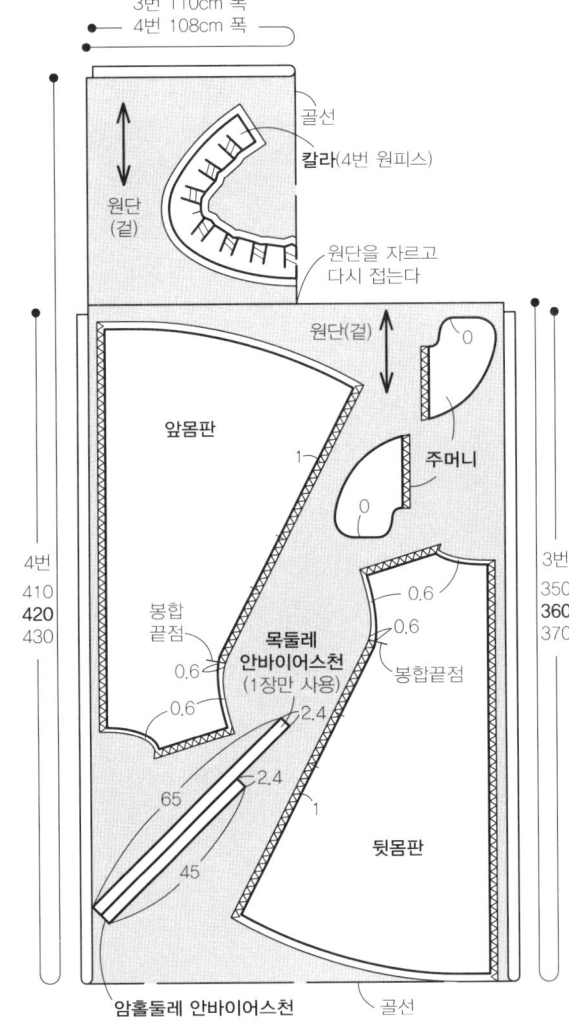

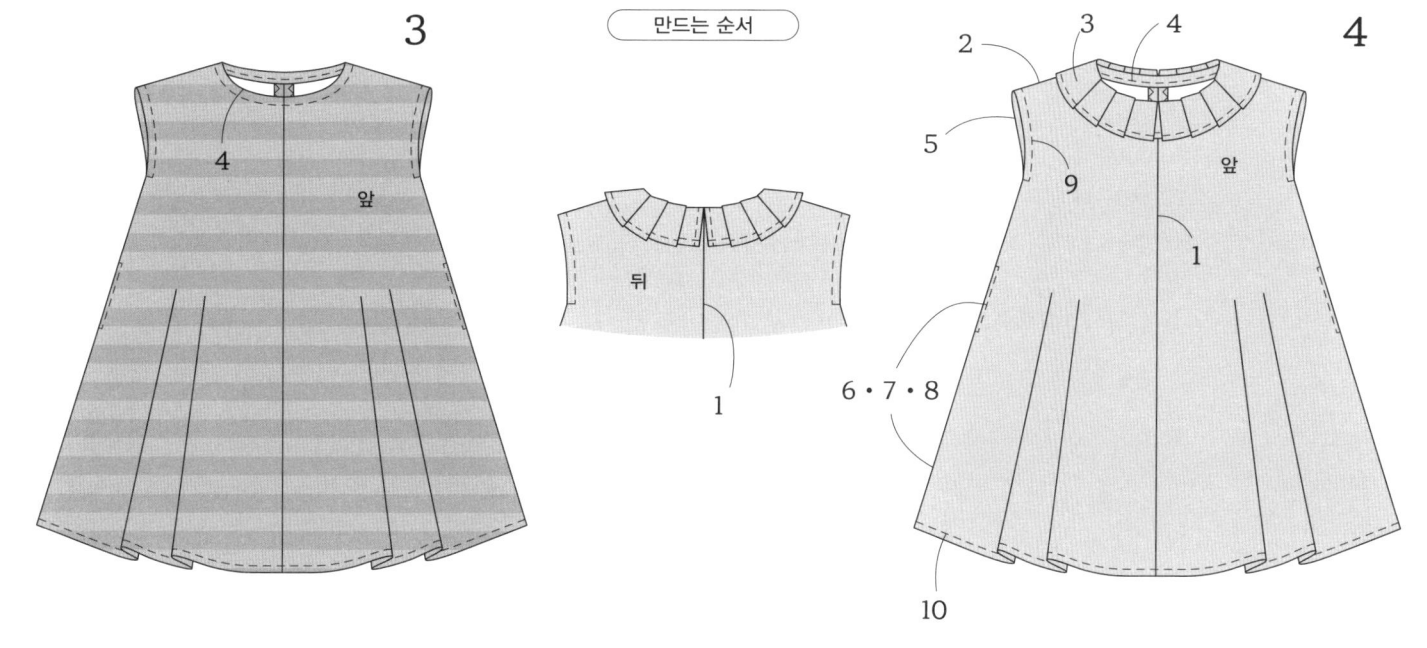

만드는 방법

1 몸판의 앞·뒤중심을 봉합한다

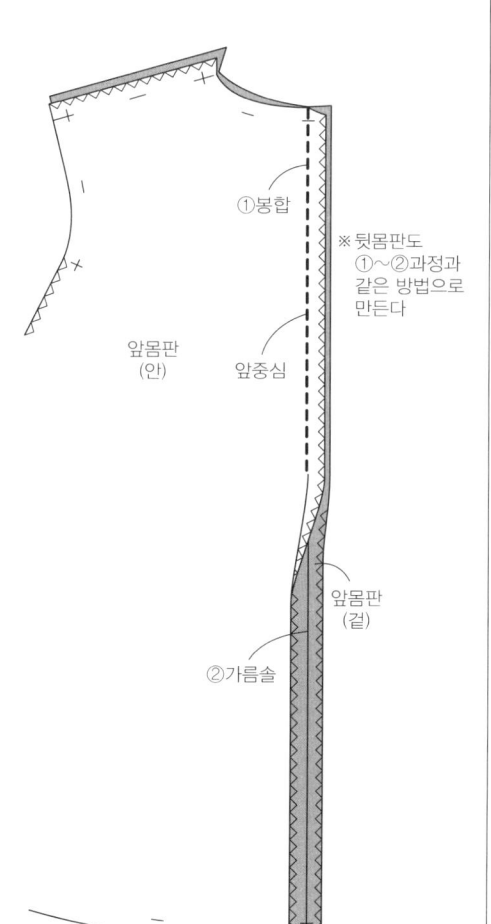

2 몸판의 어깨를 봉합한다

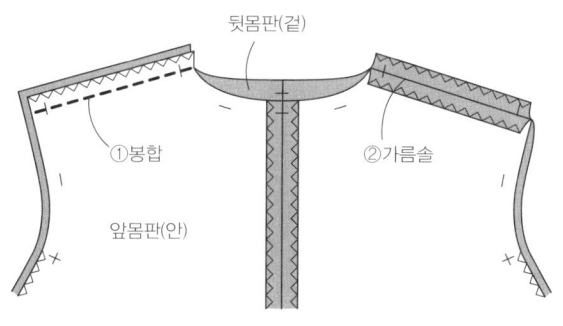

3 칼라를 만들어 몸판에 단다 (4번 원피스)

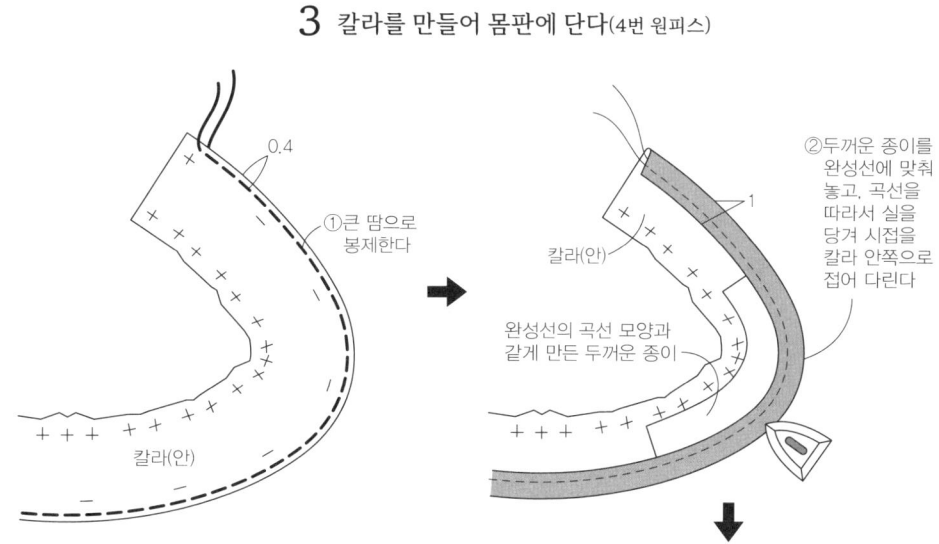

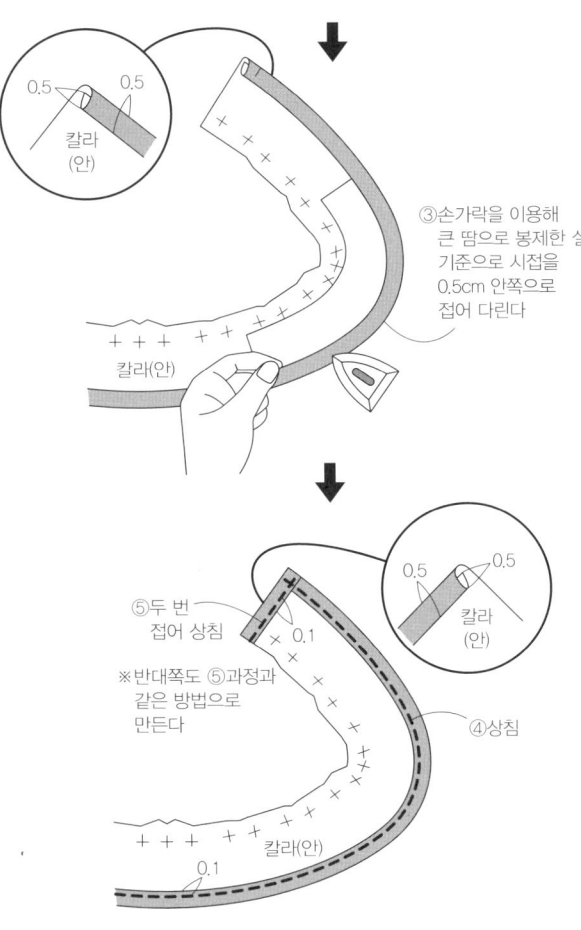

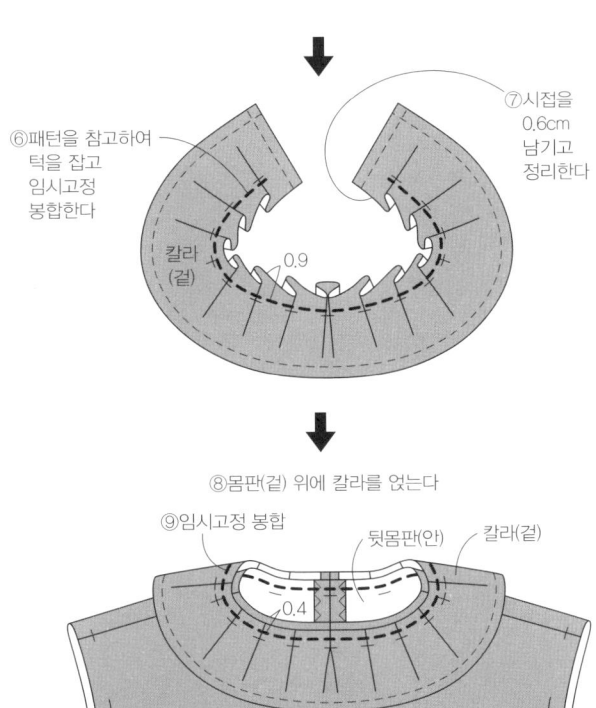

4 몸판의 목둘레에 안바이어스 처리한다
(안바이어스천 만드는 방법 p.68 참고)

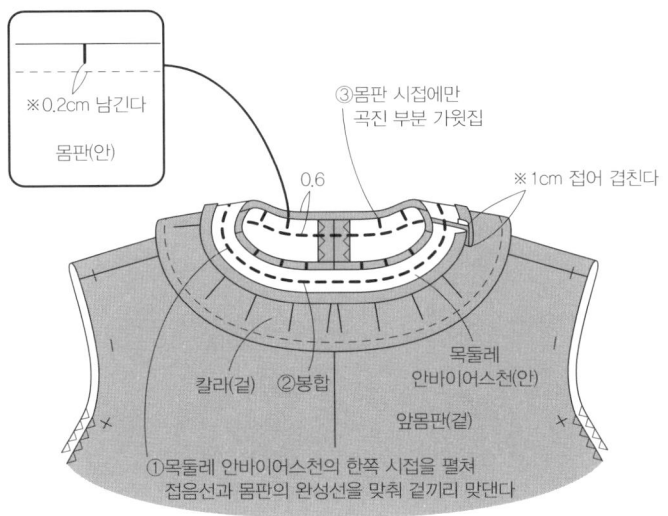

5 몸판의 암홀둘레에 안바이어스 처리한다
(안바이어스천 만드는 방법 p.68 참고)

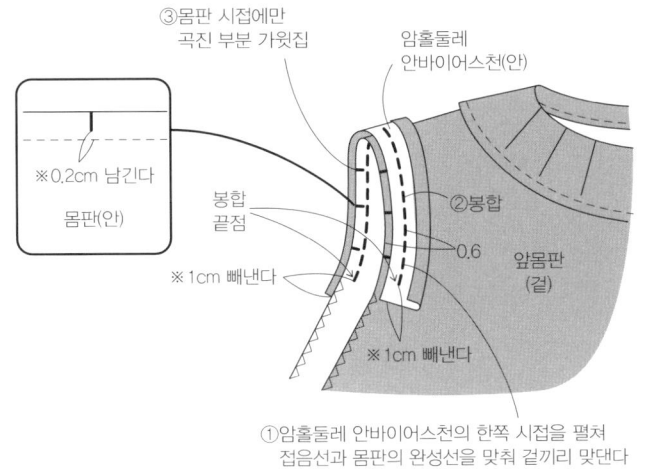

6 몸판의 옆선에 주머니를 단다

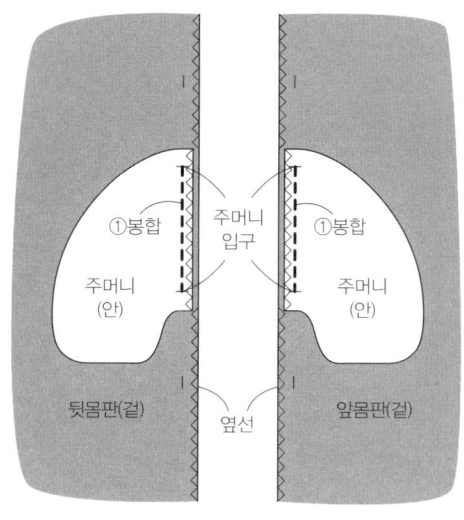

※ 반대쪽도 ①과정과 같은 방법으로 만든다

7 몸판의 옆선을 봉합한다

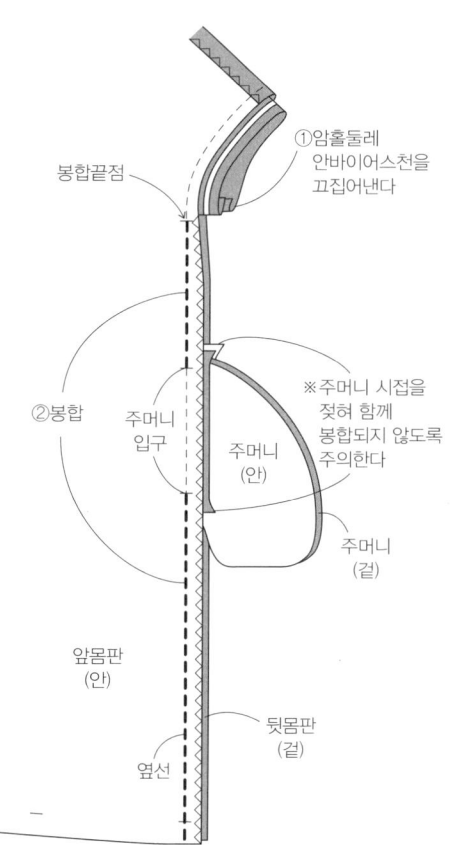

※ 반대쪽도 ①~②과정과 같은 방법으로 만든다

8 주머니를 만든다

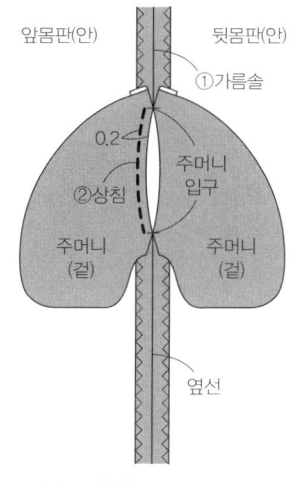

※ 몸판 겉에서 상침한다
※ 반대쪽도 ①~②과정과 같은 방법으로 만든다

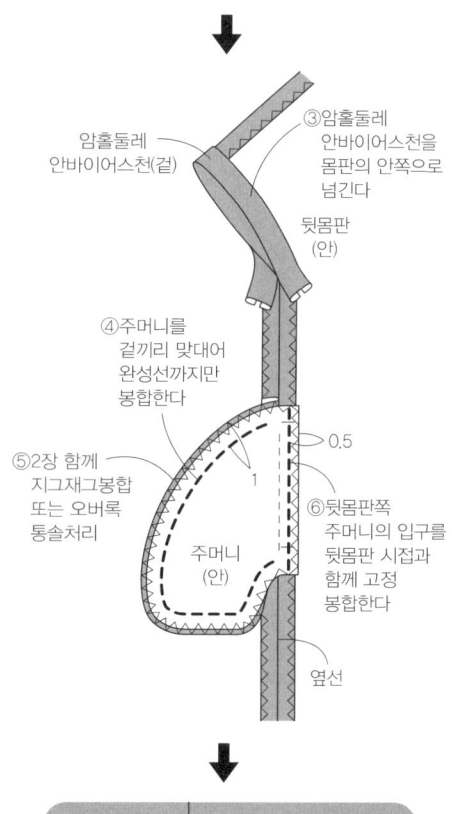

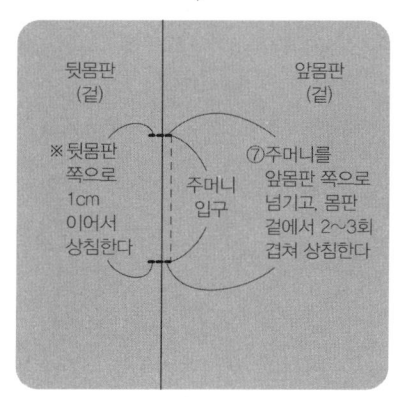

※ 반대쪽도 ①~⑦과정과 같은 방법으로 만든다

9 몸판의 암홀둘레를 정리한다

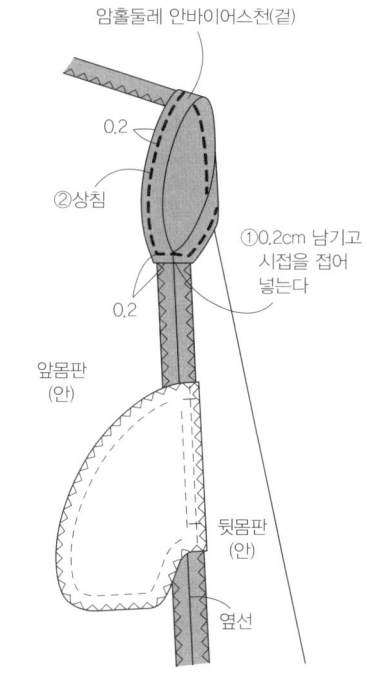

※ 몸판 겉에서 상침한다
※ 반대쪽도 ①~②과정과 같은 방법으로 만든다

10 몸판의 밑단을 정리한다

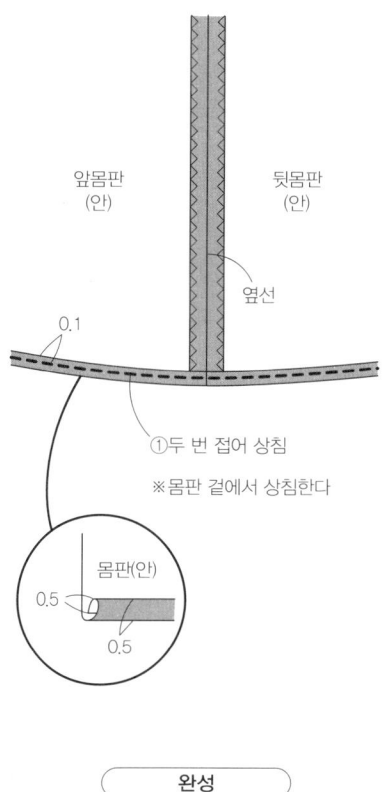

완성

5 photo / p.8

재료		S	M	L
5번 겉감 (코튼리넨 헤링본 스트라이프)	102cm폭	440cm	450cm	460cm
6번 겉감 (코튼리넨)	110cm폭	440cm	450cm	460cm
접착심 (소잉심지)	112cm폭	30cm	30cm	30cm
완성 사이즈	가슴둘레	116cm	120cm	124cm
	옷길이	112cm	115cm	118cm

패턴 준비하기 A면 5·6번 패턴을 사용합니다.

◆ 사용 실물 패턴…앞몸판/뒷몸판/앞안단/뒤안단/소매
* 앞몸판과 뒷몸판의 실물 크기 패턴이 합쳐있기 때문에 각각 베껴 사용합니다.
* 길이가 긴 패턴은 분리하여 수록하였습니다. 맞춤점에 맞춰 한 장으로 연결해주세요.
* 앞·뒤스커트, 5번의 주머니는 아래 축도패턴에 기재된 치수로 직접 제도하여 사용합니다.

6 photo / p.10

5번 재단 배치도
· 지정 이외의 시접은 1cm
· ░░░ 부분에 접착심(소잉심지)을 붙인다
· ∼∼∼ 부분에 지그재그 봉제 또는 오버록 처리한다

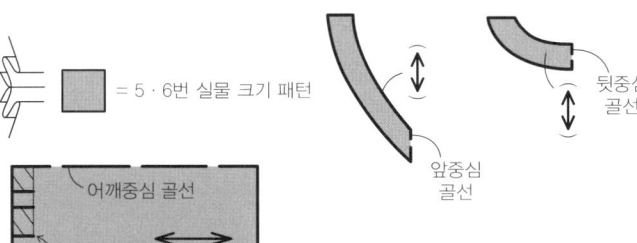
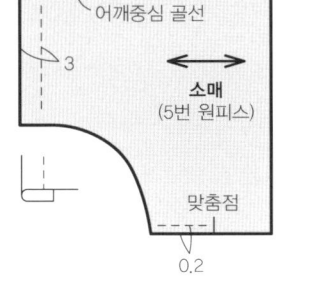
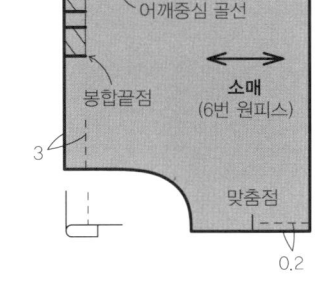
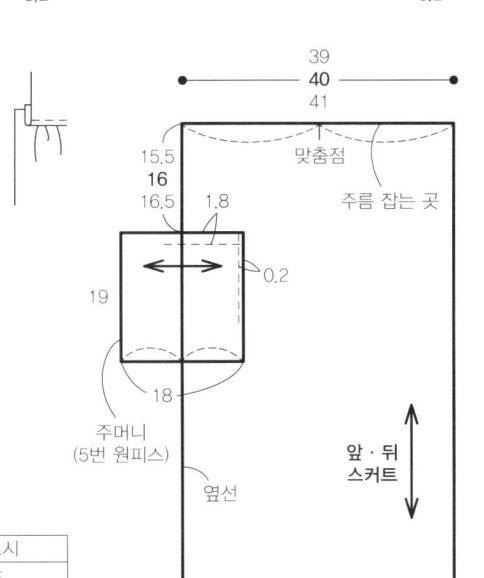
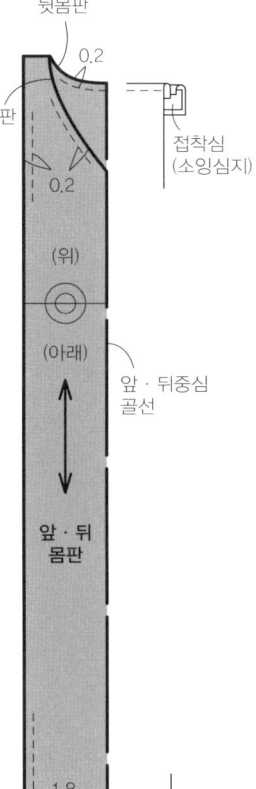
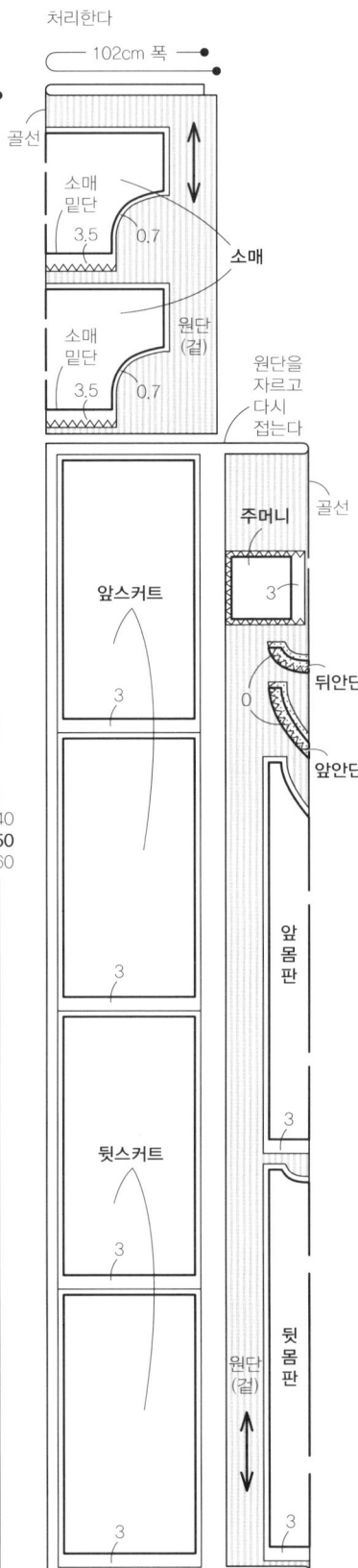

사이즈 표시
S사이즈
M사이즈
L사이즈
1개만 작성된 숫자는 공통

6번 재단 배치도

- 지정 이외의 시접은 1cm
- ▓ 부분에 접착심(소잉심지)을 붙인다
- ∿ 부분에 지그재그 봉제 또는 오버록 처리한다

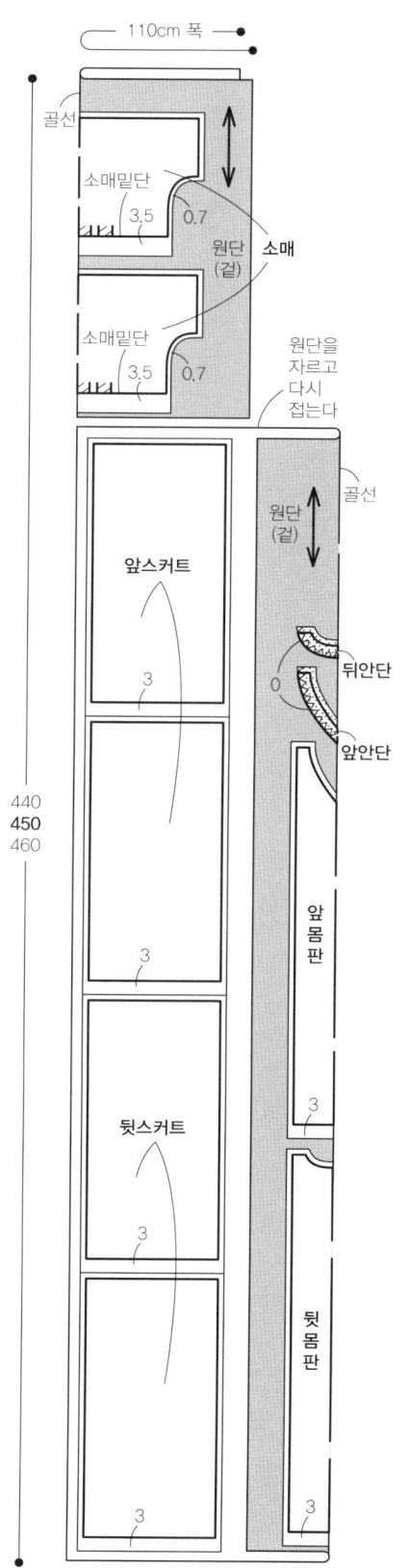

만드는 순서

만드는 방법

1 소매의 밑단에 턱을 잡는다 (6번 원피스)

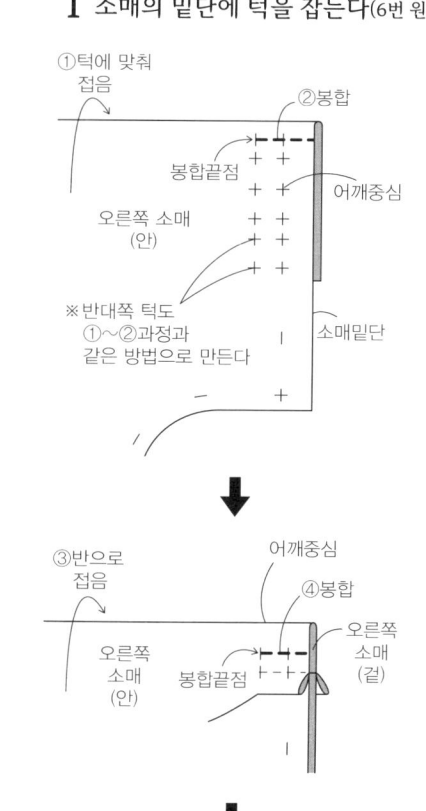

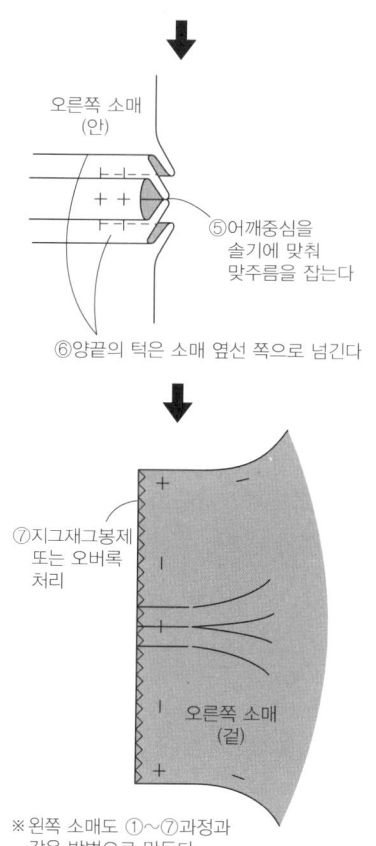

43

2 소매의 옆선을 봉합한다

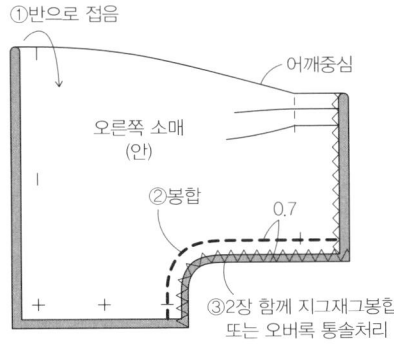

3 소매의 밑단을 정리한다

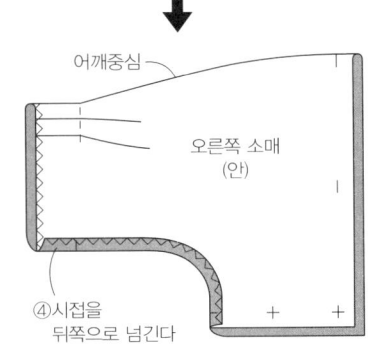

※ 소매 겉에서 상침한다
※ 왼쪽 소매도 ①~②과정과 같은 방법으로 만든다

4 몸판의 어깨를 봉합한다

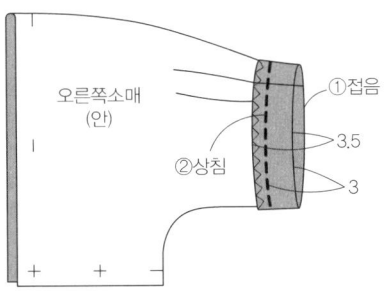

5 안단의 어깨를 봉합한다

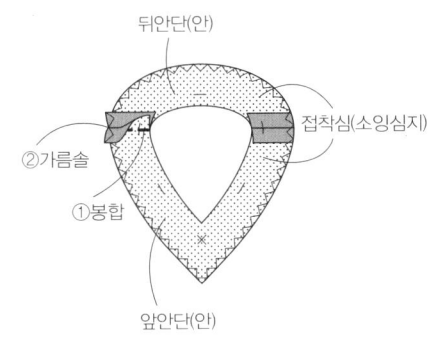

6 몸판에 안단을 단다

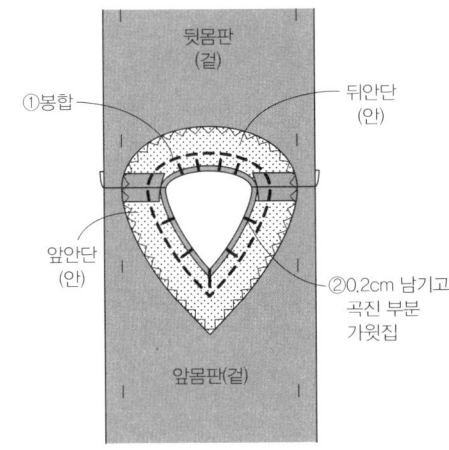

※ 몸판 겉에서 상침한다

7 스커트의 옆선을 봉합한다

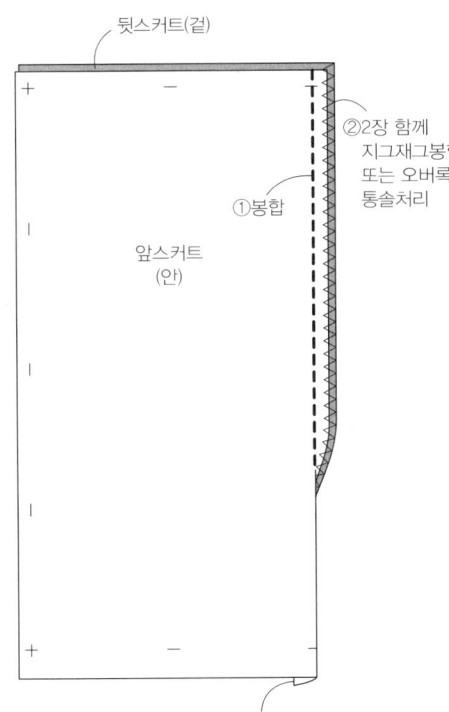

※ 반대쪽도 ①~③과정과 같은 방법으로 만든다

8 주머니를 만들어 스커트에 단다
(5번 원피스)

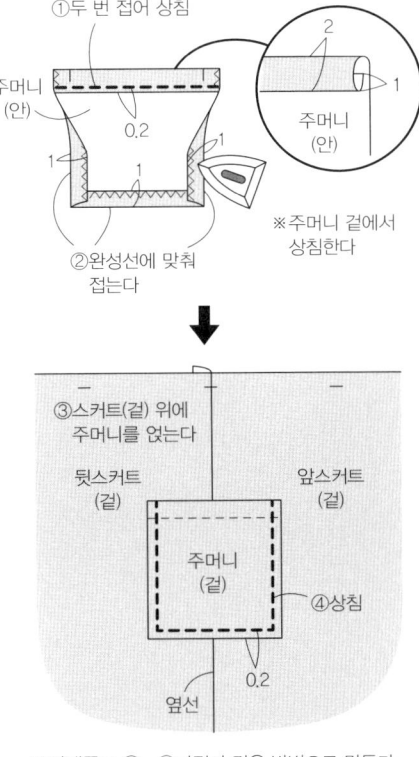

※ 반대쪽도 ①~④과정과 같은 방법으로 만든다

9 스커트와 소매를 연결한다

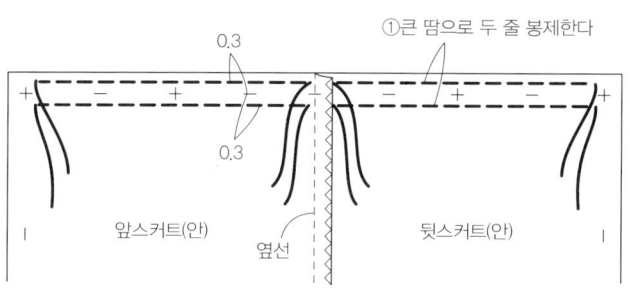

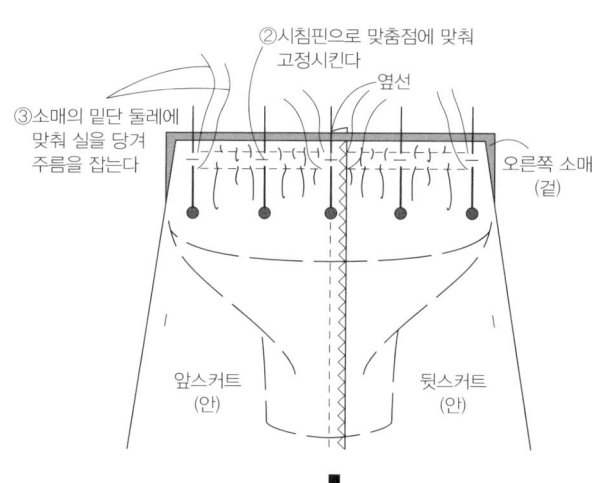

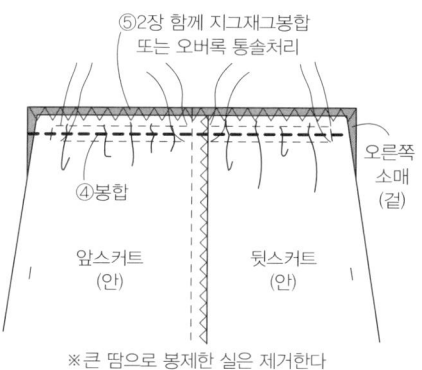

※ 왼쪽 소매와 스커트도 ①~⑦과정과 같은 방법으로 만든다

10 몸판에 소매와 스커트를 연결한다

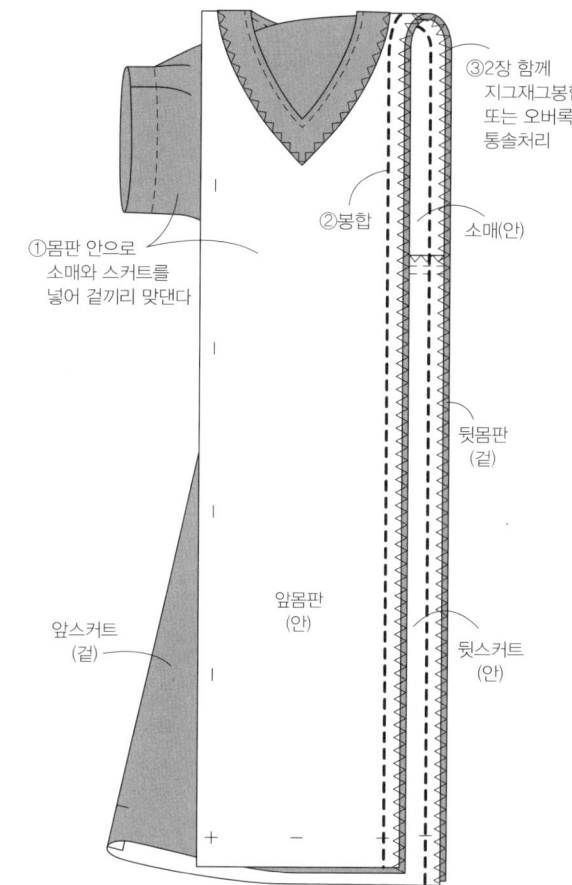

※ 반대쪽도 ①~③과정과 같은 방법으로 만든다

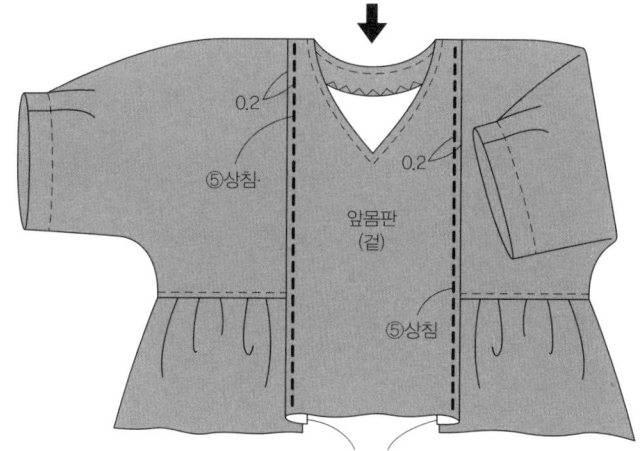

11 몸판과 스커트의 밑단을 정리한다

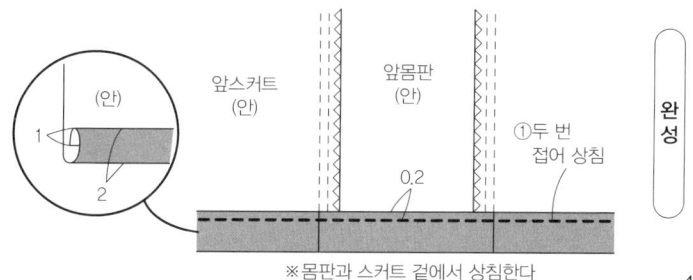

※ 몸판과 스커트 겉에서 상침한다

7 photo / p.12

8 photo / p.13

재료		S	M	L
7번 겉감 (코튼)	110cm폭	420cm	430cm	440cm
8번 겉감 (코튼)	110cm폭	420cm	430cm	440cm
접착심 (소잉심지)	112cm폭	30cm	30cm	30cm
단추	1cm폭	5개	5개	5개
완성 사이즈	가슴둘레	98cm	102cm	106cm
	옷길이	110.5cm	113.5cm	116.5cm

사이즈 표시
S사이즈
M사이즈
L사이즈
1개만 작성된 숫자는 공통

패턴 준비하기 C면 7번 패턴을 사용합니다.

◆ 사용 실물 패턴…앞몸판/뒷몸판/앞·뒤스커트/소매(7번 원피스)

* 길이가 긴 패턴은 분리하여 수록하였습니다. 맞춤점에 맞춰 한 장으로 연결해주세요.
* 8번의 리본감은 아래 축도패턴에 기재된 치수로 직접 제도하여 사용합니다.

7번 재단 배치도
· 지정 이외의 시접은 1cm
· ▓ 부분에 접착심(소잉심지)을 붙인다
· 목둘레 안바이어스천은 직접 제도하여 사용합니다

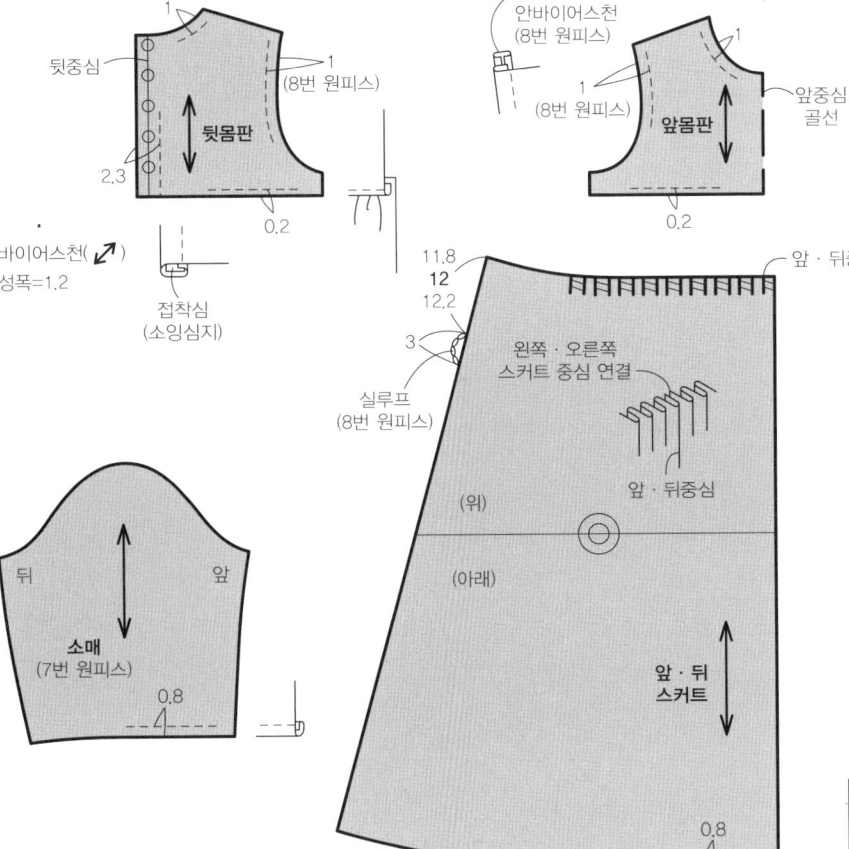

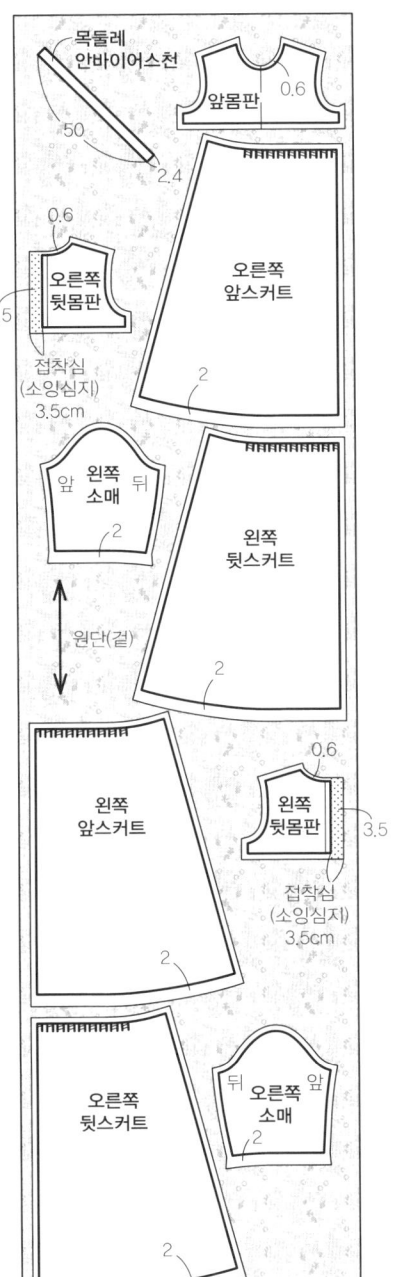

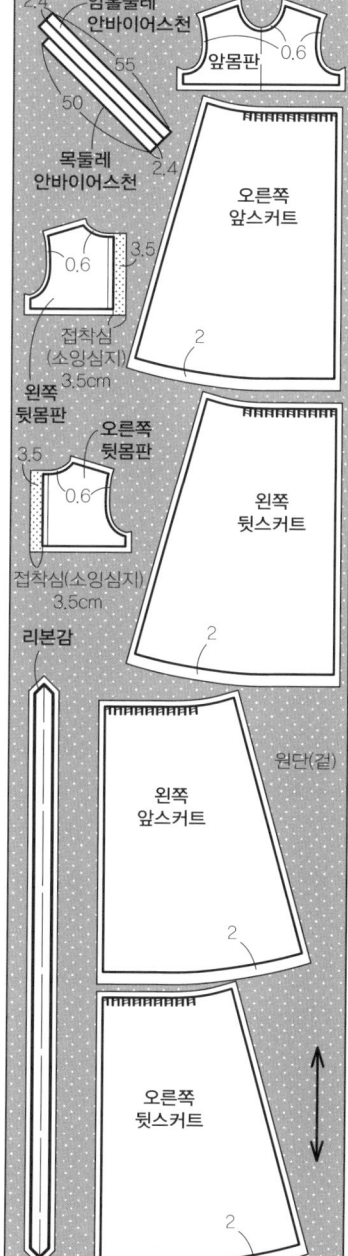

8번 재단 배치도
- 지정 이외의 시접은 1cm
- 부분에 접착심(소잉심지)을 붙인다
- 암홀둘레, 목둘레 안바이어스천은 직접 제도하여 사용합니다

만드는 순서

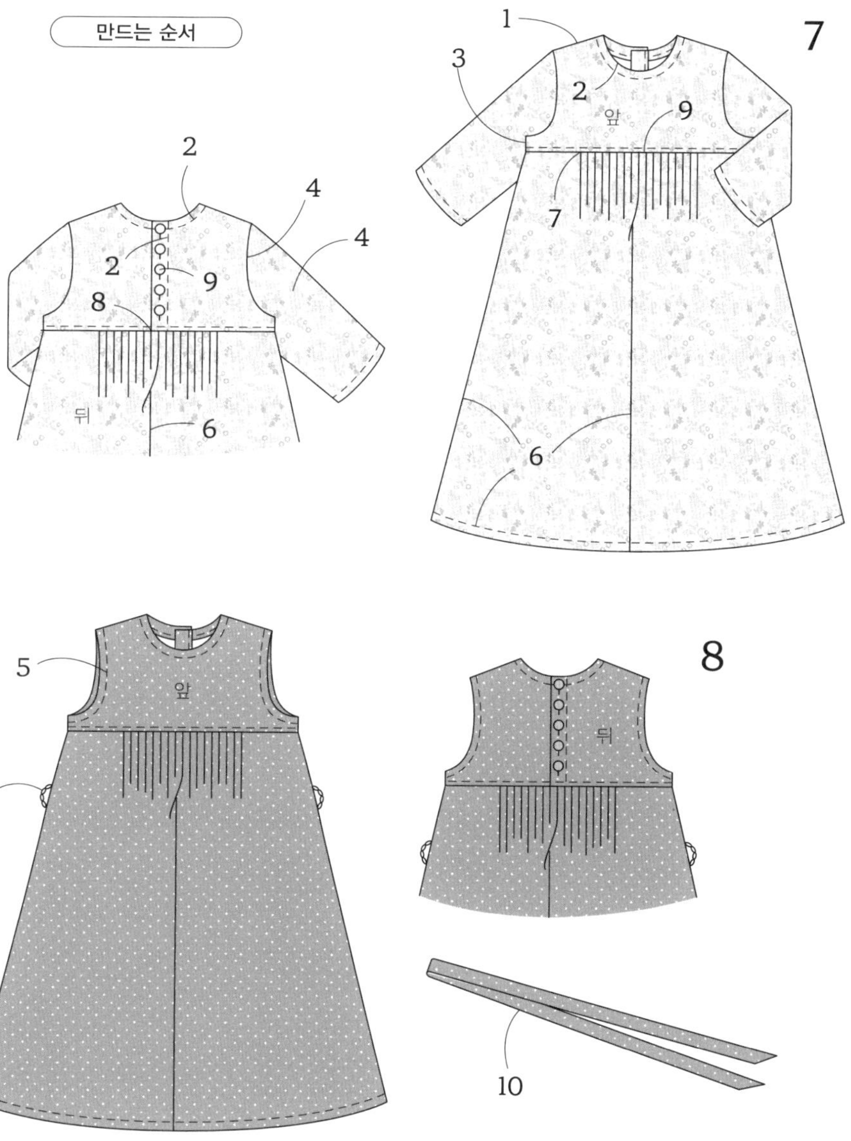

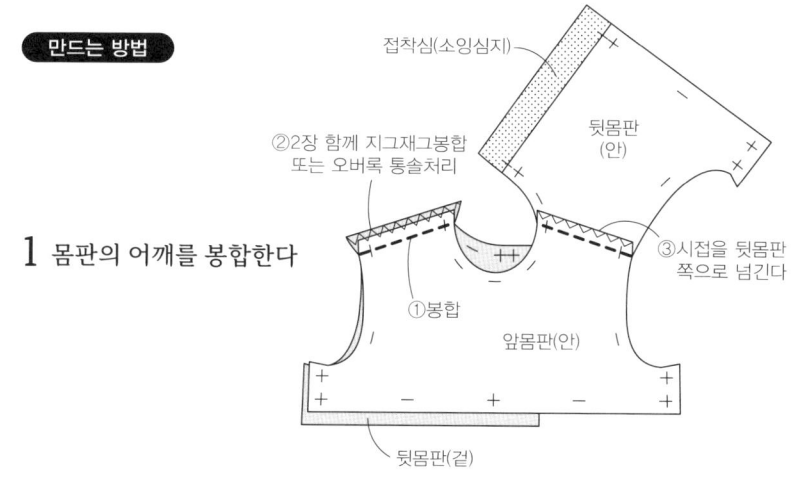

만드는 방법

1 몸판의 어깨를 봉합한다

2 몸판의 목둘레를 안바이어스 처리하고, 뒤끝을 정리한다 (안바이어스천 만드는 방법 p.68 참고)

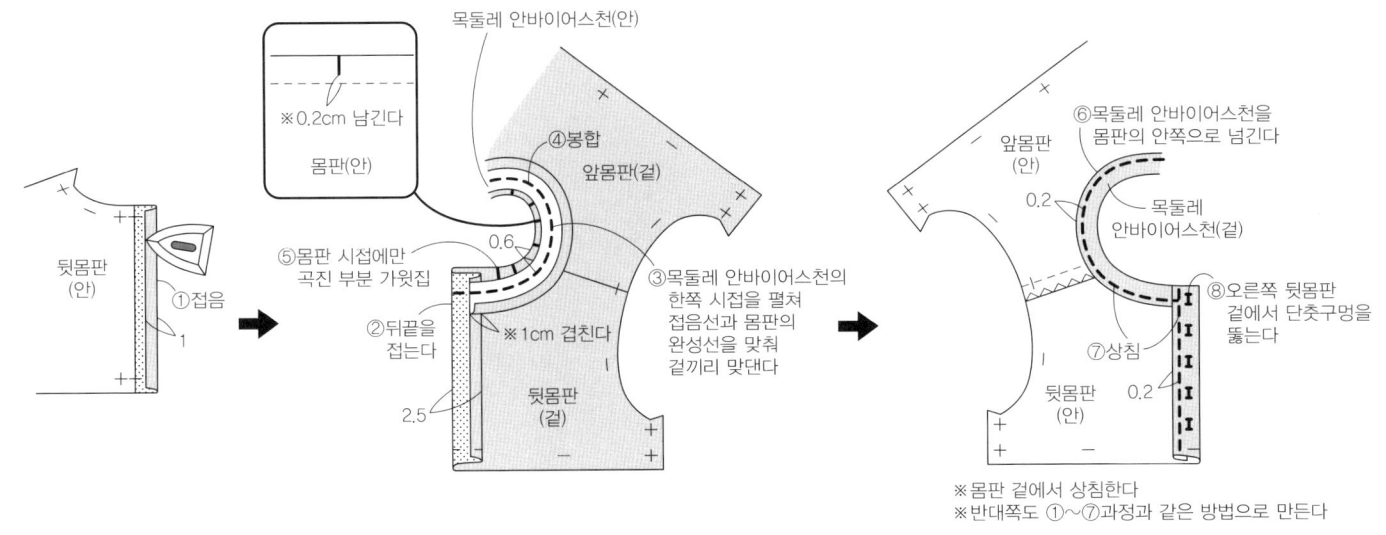

3 몸판의 옆선을 봉합한다

4 소매를 만들어 몸판에 단다 (7번 원피스)

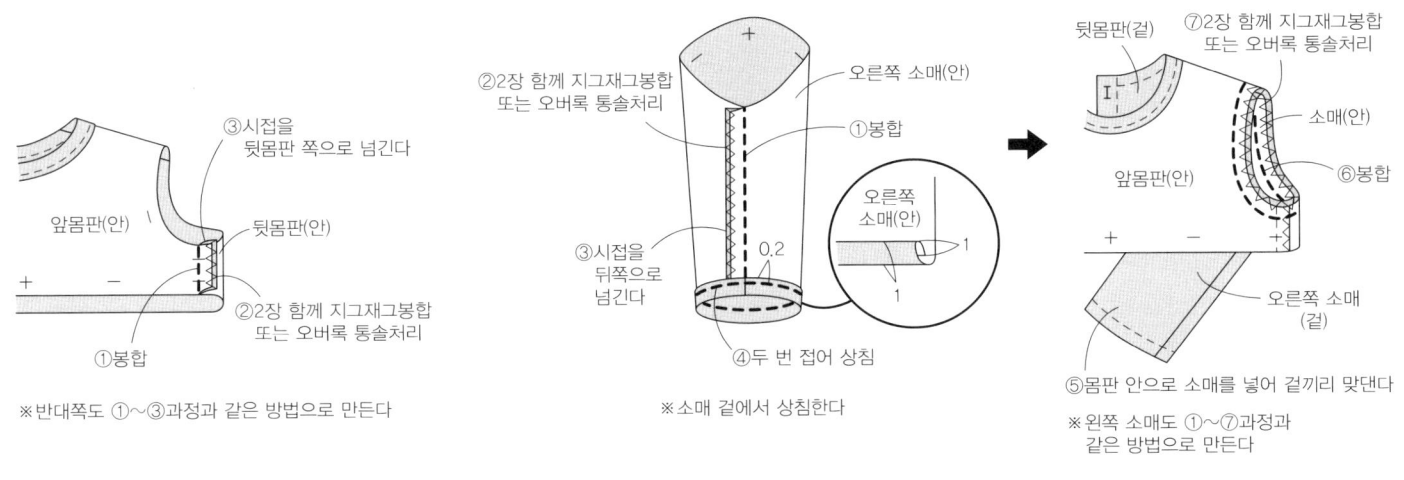

5 몸판의 암홀둘레를 안바이어스 처리한다 (8번 원피스)
(안바이어스천 만드는 방법 p.68 참고)

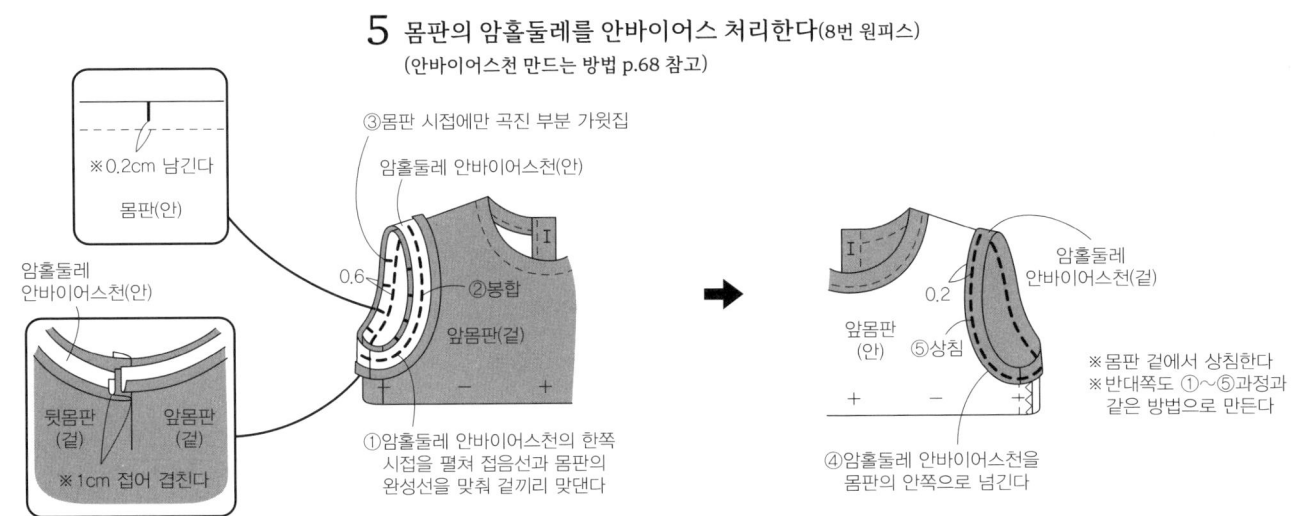

6 스커트를 만든다

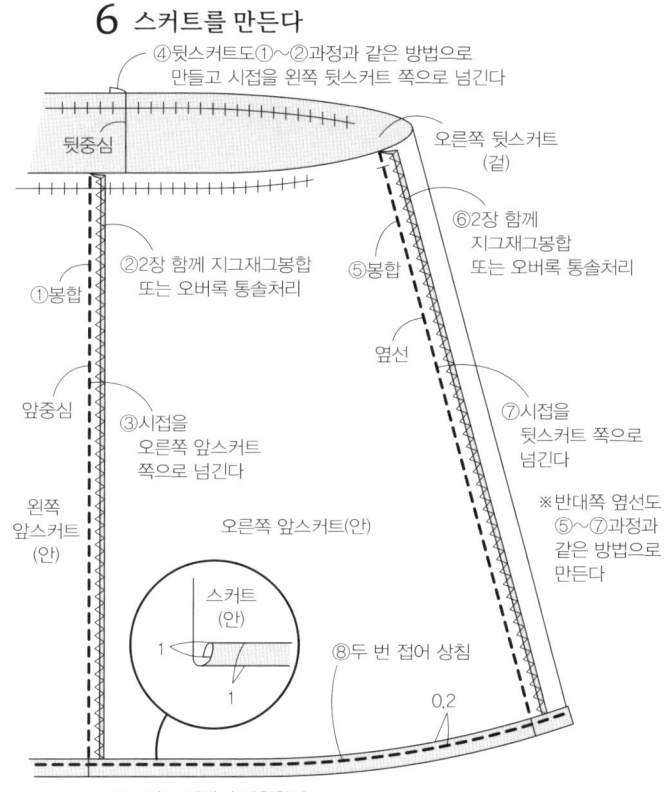

7 스커트의 턱을 잡는다

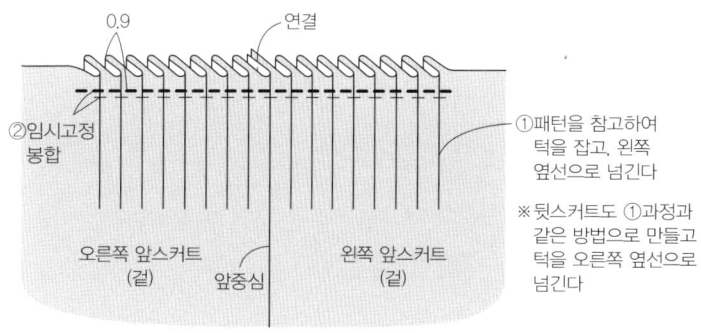

8 왼쪽 뒷몸판과 오른쪽 뒷몸판을 고정 봉합한다

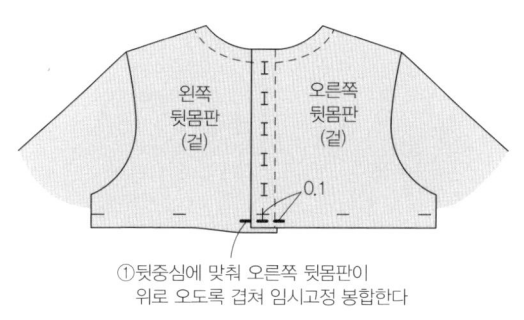

9 몸판과 스커트를 연결하고, 몸판에 단추를 단다

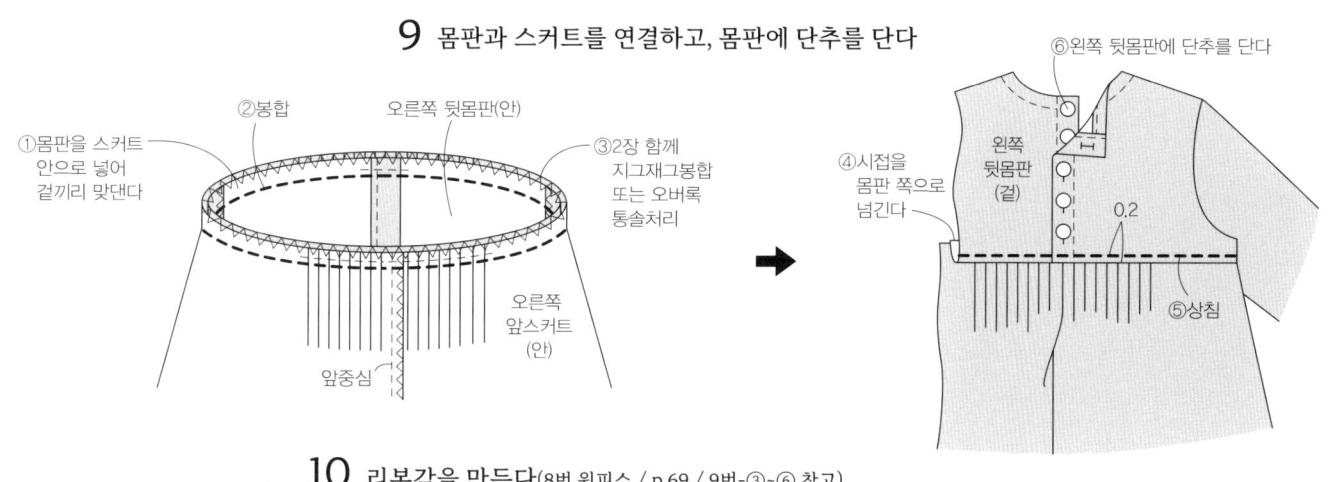

10 리본감을 만든다 (8번 원피스 / p.69 / 9번-③~⑥ 참고)

11 실루프를 만든다 (8번 원피스)

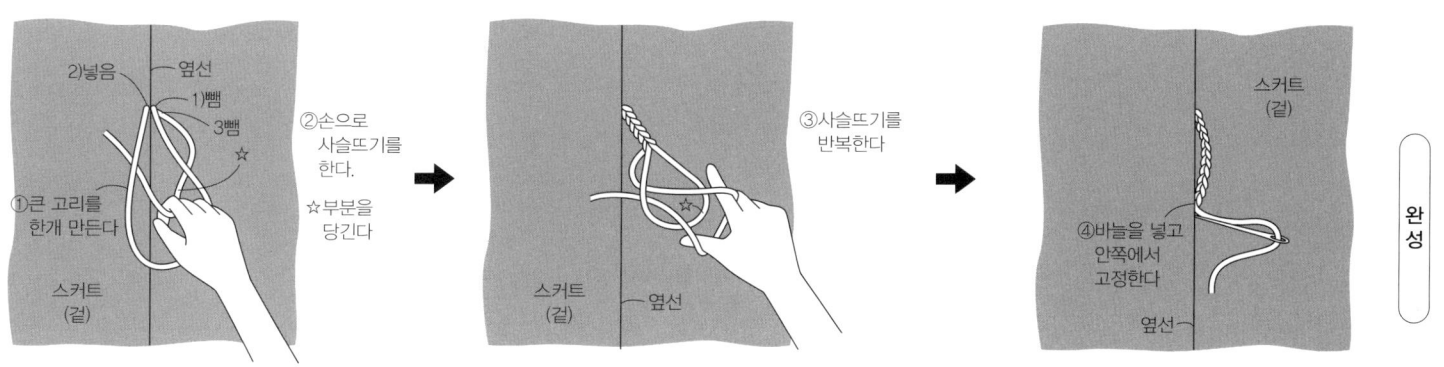

9 photo / p.14

재료		S	M	L
겉감 (코튼)	110cm폭	400cm	410cm	420cm
접착심 (소잉심지)	112cm폭	20cm	20cm	20cm
고무줄	0.7cm폭	50cm	55cm	55cm
완성 사이즈	가슴둘레	116cm	120cm	124cm
	옷길이	115cm	118cm	121cm

패턴 준비하기 B면 9번 패턴을 사용합니다.

◆ 사용 실물 패턴…앞몸판/뒷몸판/뒤안단/칼라/소매

* 길이가 긴 패턴은 분리하여 수록하였습니다. 맞춤점에 맞춰 한 장으로 연결해주세요.

* 목둘레 끈감, 소매 끈감은 아래 축도패턴에 기재된 치수로 직접 제도하여 사용합니다.

만드는 순서

사이즈 표시
S사이즈
M사이즈
L사이즈
1개만 작성된 숫자는 공통

= 9번 실물 크기 패턴

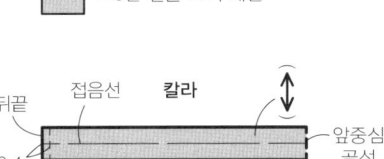

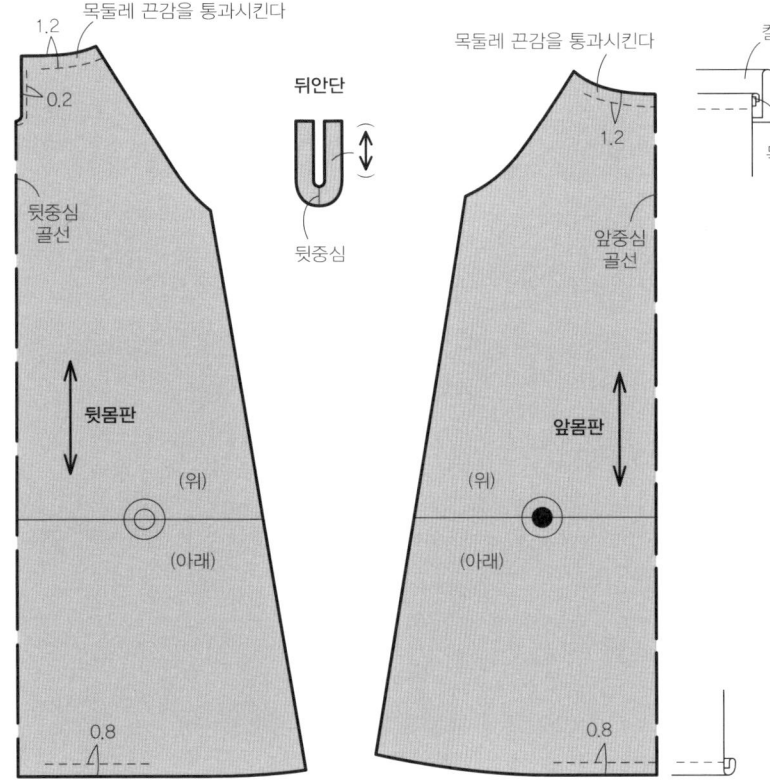

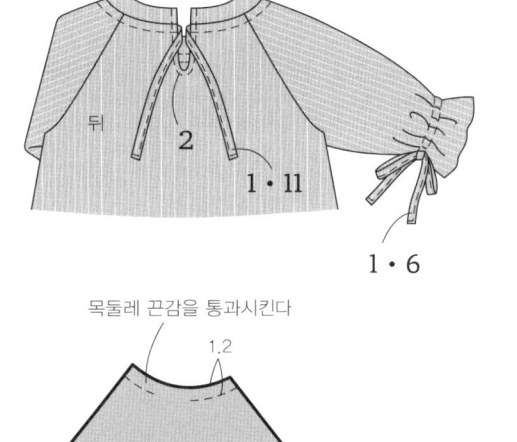

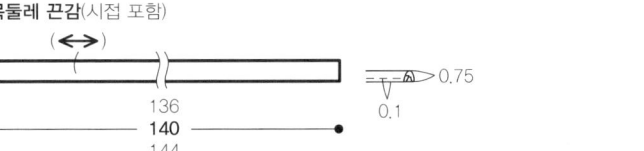

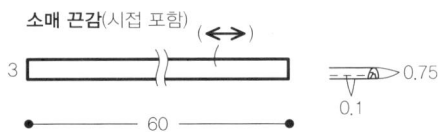

재단 배치도

- 지정 이외의 시접은 1cm
- ▓ 부분에 접착심(소잉심지)을 붙인다
- ∿∿ 부분에 지그재그 봉제 또는 오버록 처리한다

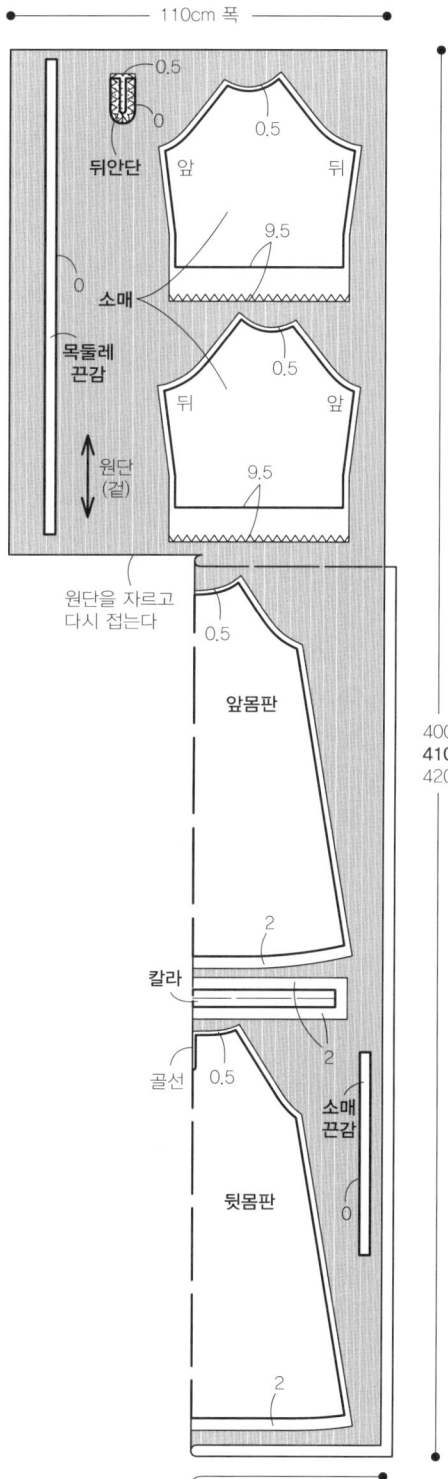

만드는 방법

1 목둘레, 소매 끈감을 만든다

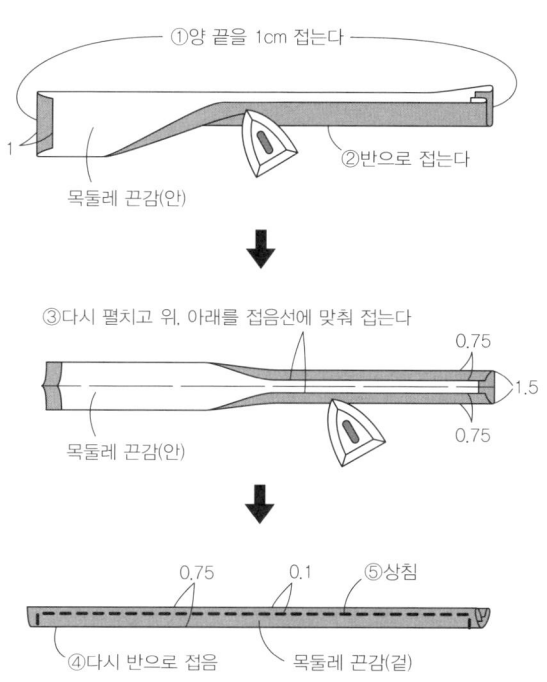

※ 소매 끈감도 ①~⑤과정과 같은 방법으로 만든다
※ 소매 끈감은 총 2개 만든다

2 뒷몸판에 뒤안단을 단다

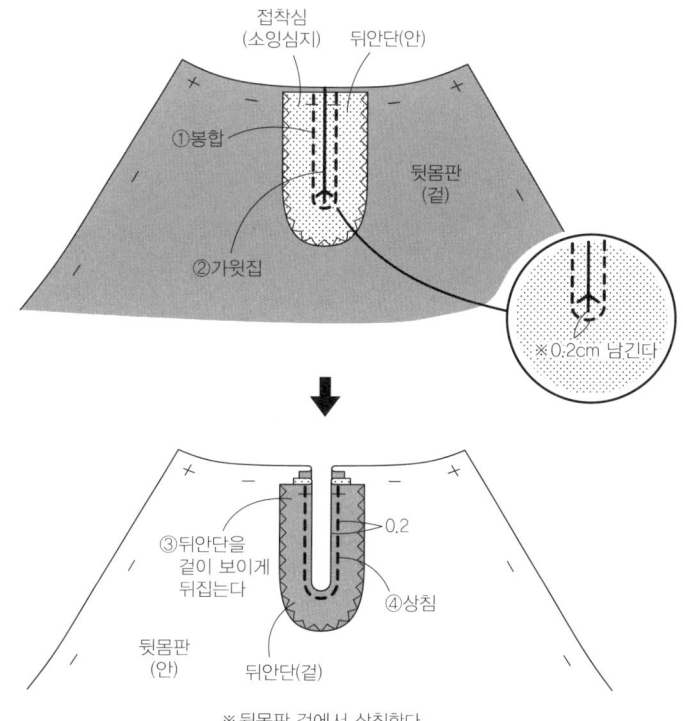

※ 뒷몸판 겉에서 상침한다

3 몸판의 옆선을 봉합한다

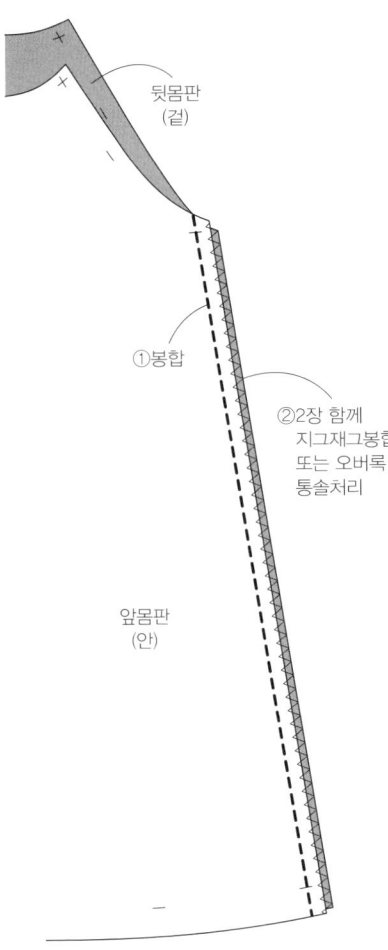

4 몸판의 밑단을 정리한다

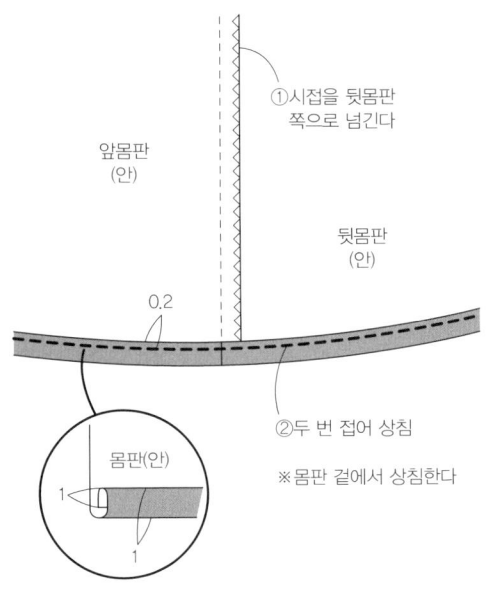

5 소매의 옆선을 봉합한다

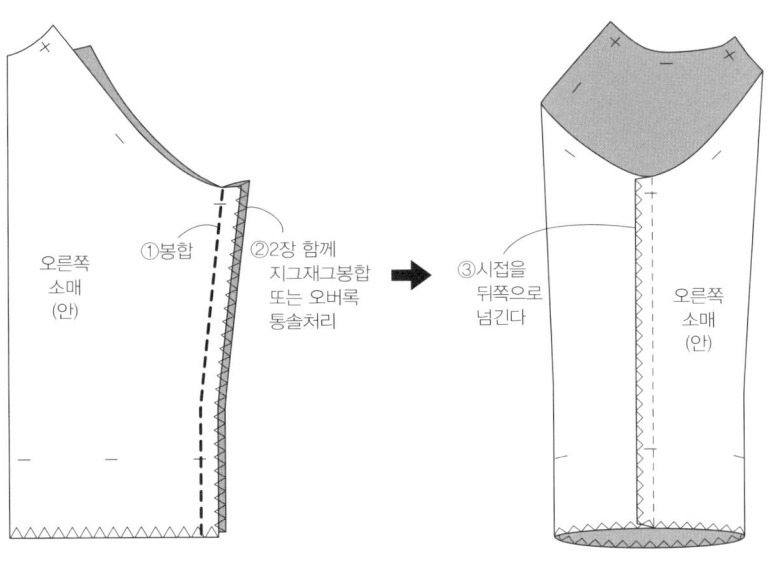

6 소매의 밑단을 정리한다

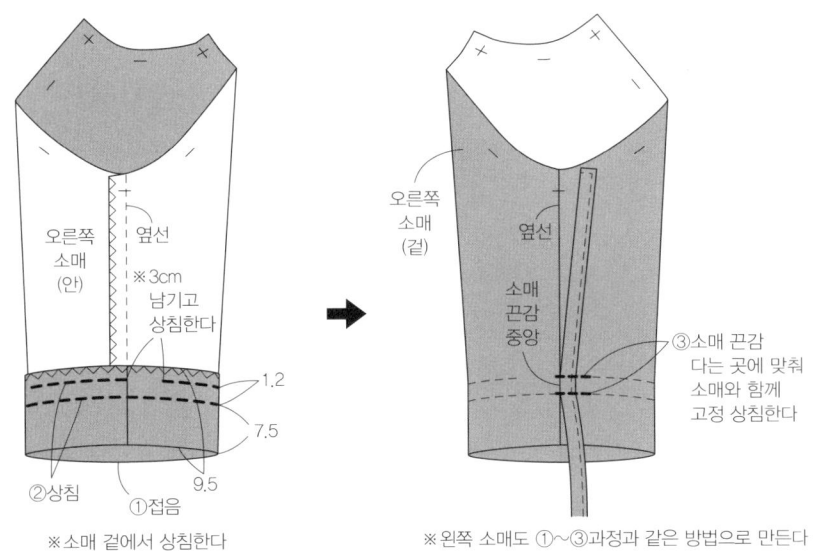

7 소매 밑단에 고무줄을 통과시킨다

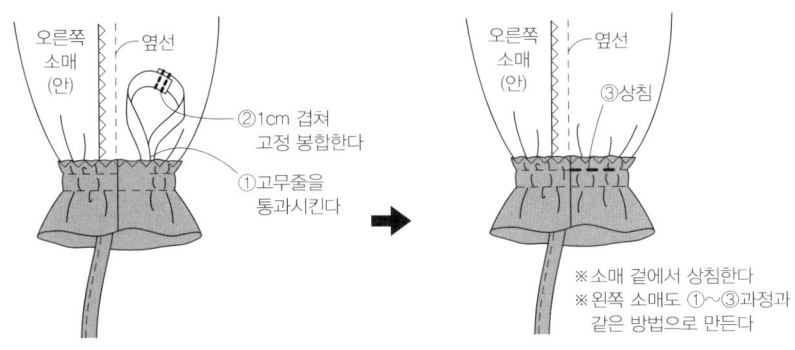

8 몸판에 소매를 단다

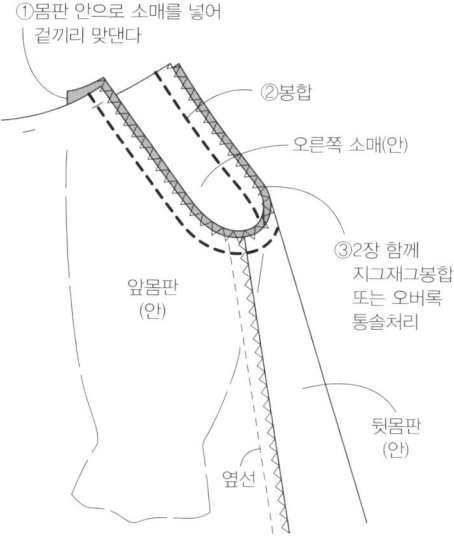

※ 왼쪽 소매도 ①~③과정과 같은 방법으로 만든다

9 칼라를 만든다

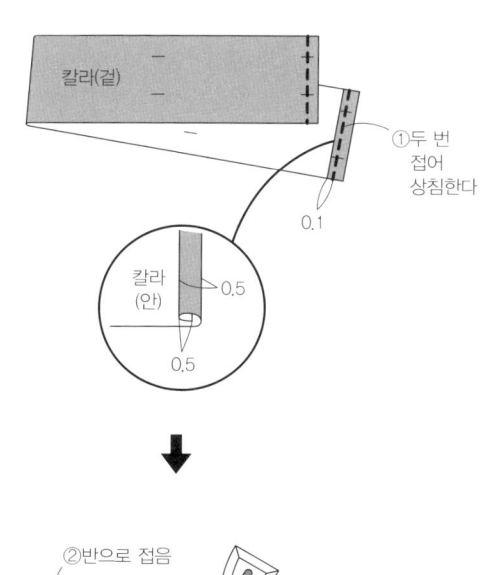

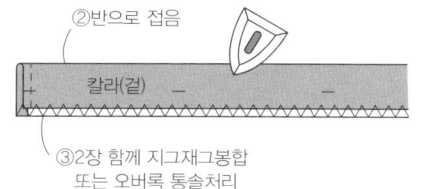

10 몸판에 칼라를 단다

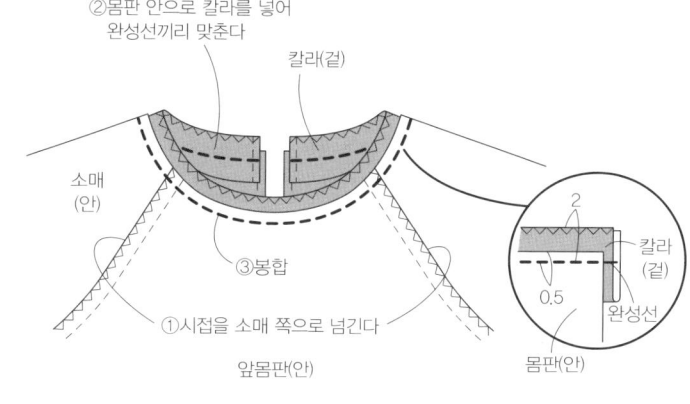

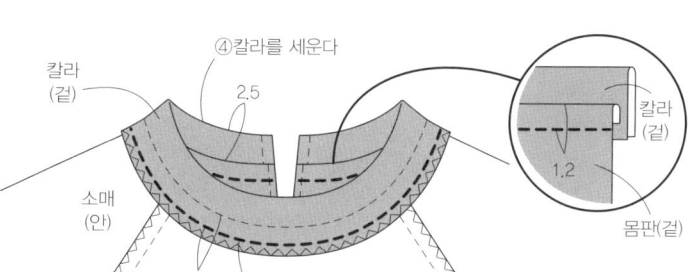

※ 몸판 겉에서 상침한다

11 목둘레 끈감을 통과시킨다

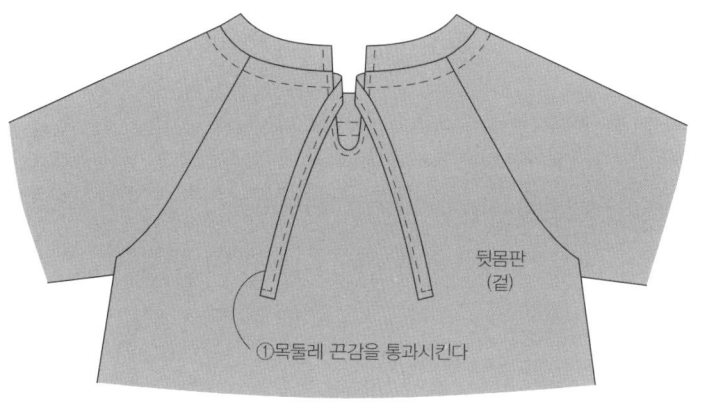

(완성)

10 photo / p.16

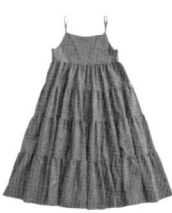

재료		S	M	L
10번 겉감 (코튼 시어서커)	108cm폭	510cm	520cm	540cm
11번 겉감 (코튼 거즈)	132cm폭	480cm	490cm	510cm
O링	1cm폭	2개	2개	2개
길이조절고리	1.5cm폭	2개	2개	2개
완성 사이즈	가슴둘레	92cm	96cm	100cm
	옷길이	108.3cm	112cm	115.7cm

사이즈 표시
S사이즈 **M사이즈** L사이즈 1개만 작성된 숫자는 공통

11 photo / p.17

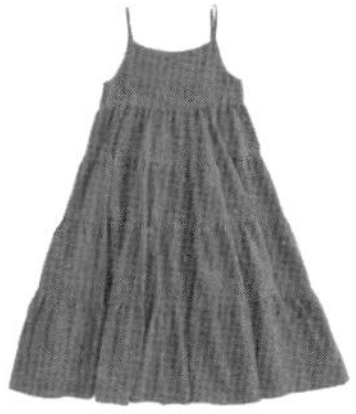

패턴 준비하기 **C면 11번** 패턴을 사용합니다.

◆사용 실물 패턴…겉 · 안앞몸판/겉 · 안뒷몸판

＊스커트A~D는 아래 축도패턴에 기재된 치수로 직접 제도하여 사용합니다.

어깨끈감

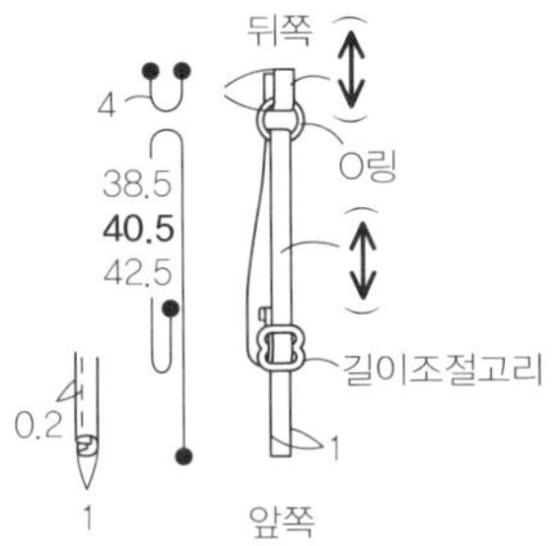

만드는 순서

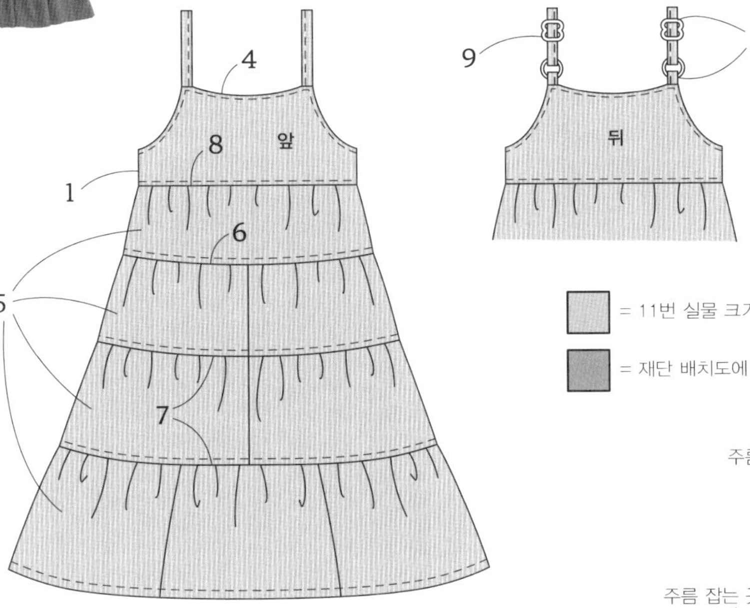

= 11번 실물 크기 패턴

= 재단 배치도에 놓인 패턴

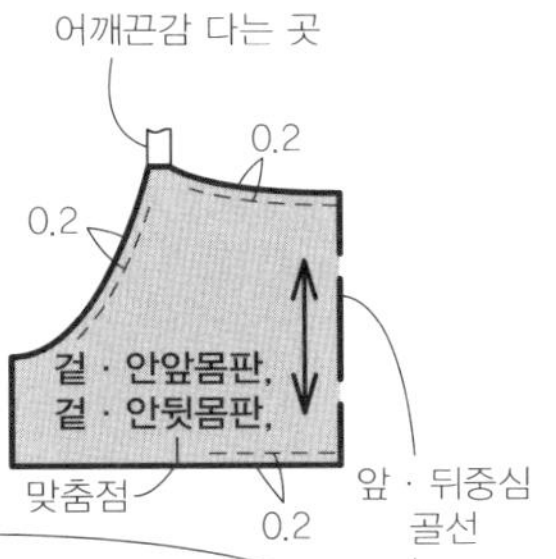

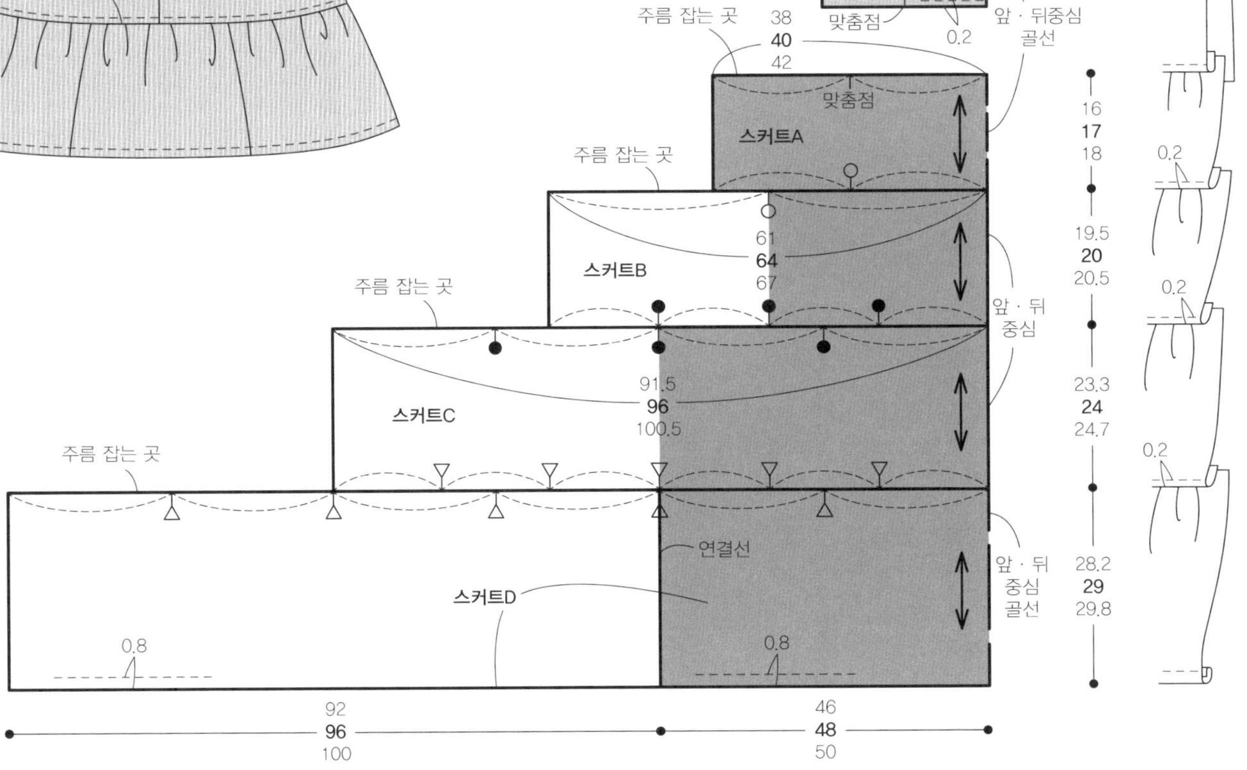

10번 재단 배치도

- 지정 이외의 시접은 1cm
- ～ 부분에 지그재그 봉제 또는 오버록 처리한다
- 어깨끈감1, 2는 직접 제도하여 사용합니다

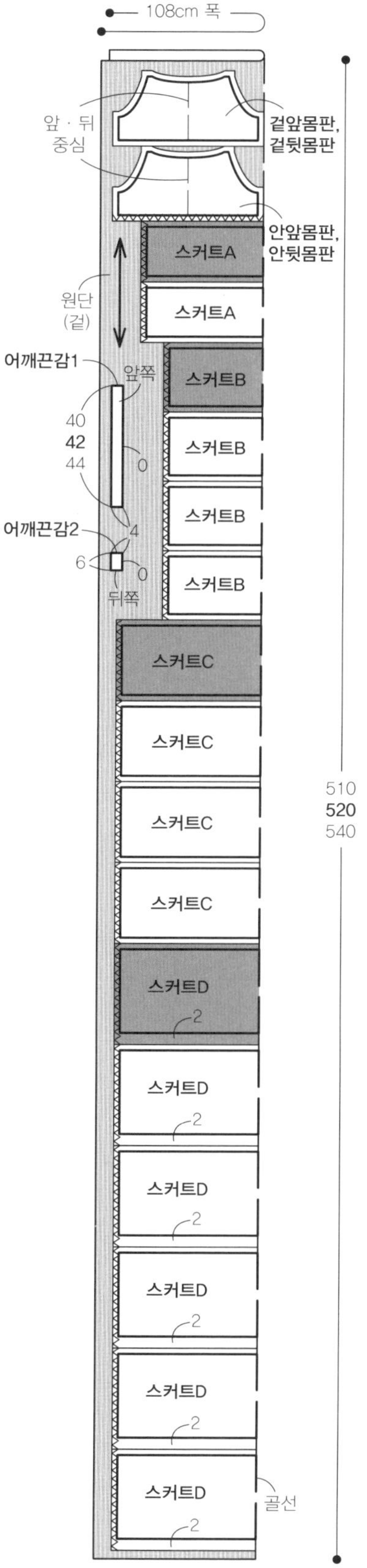

11번 재단 배치도

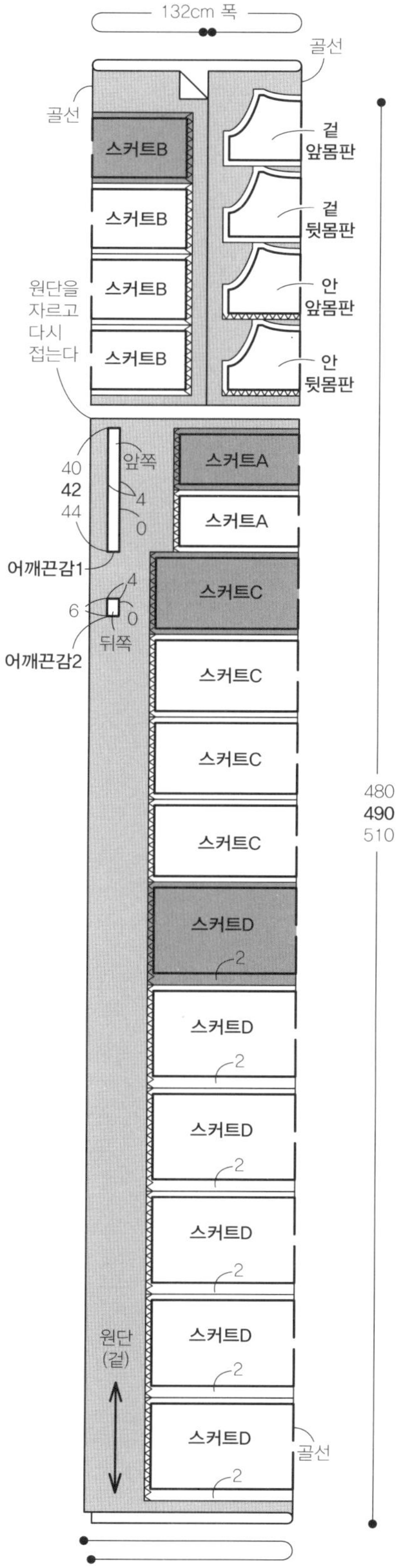

만드는 방법

1 몸판의 옆선을 봉합한다

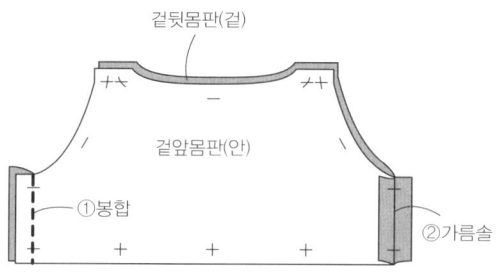

※안몸판도 ①～②과정과 같은 방법으로 만든다

2 어깨끈감을 만든다

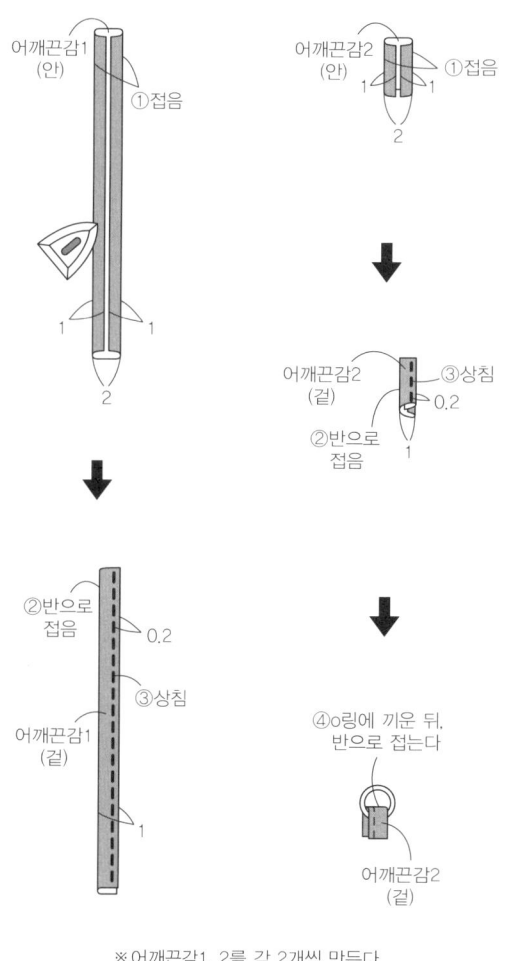

※어깨끈감1, 2를 각 2개씩 만든다

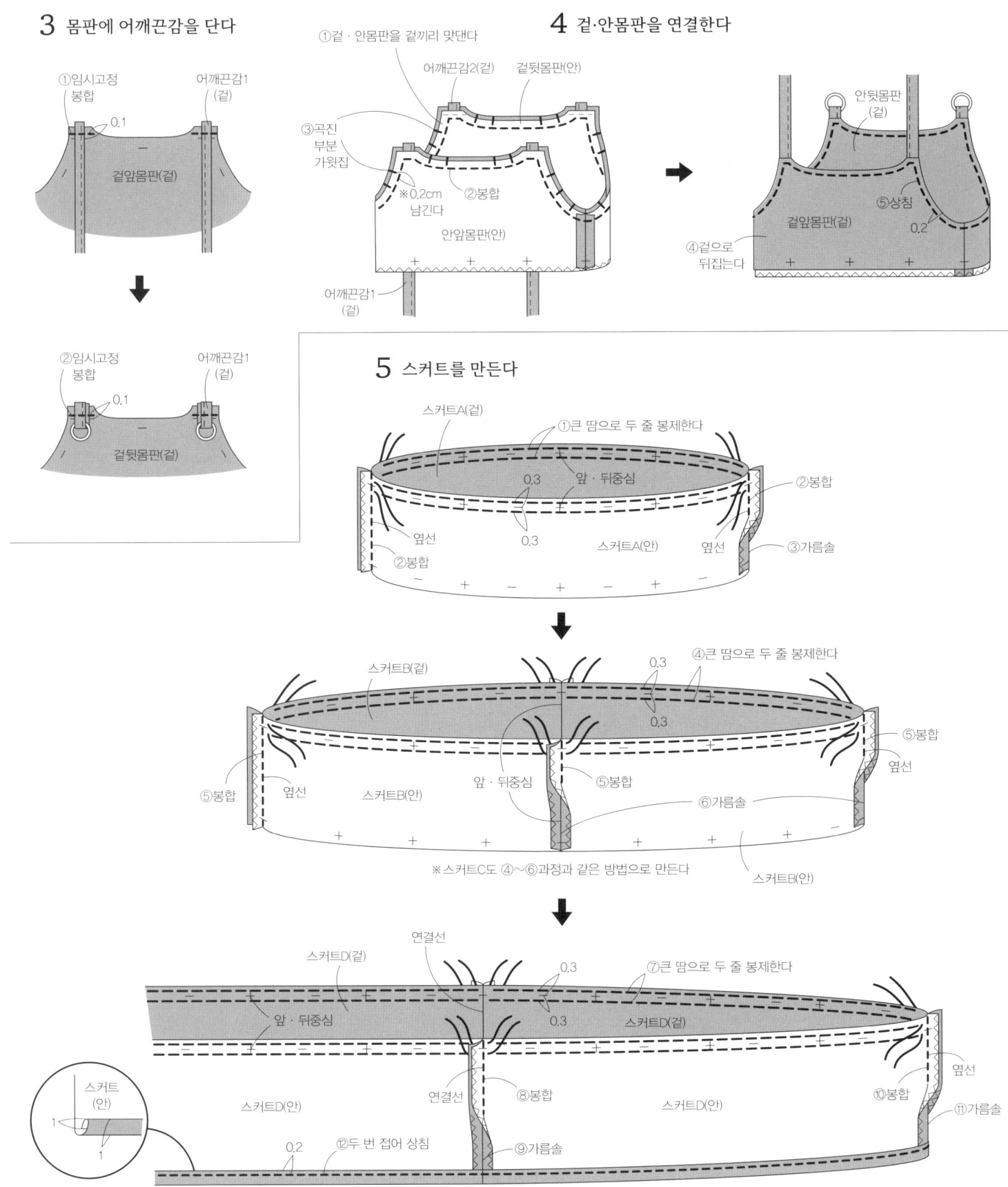

6 스커트A·B를 연결한다

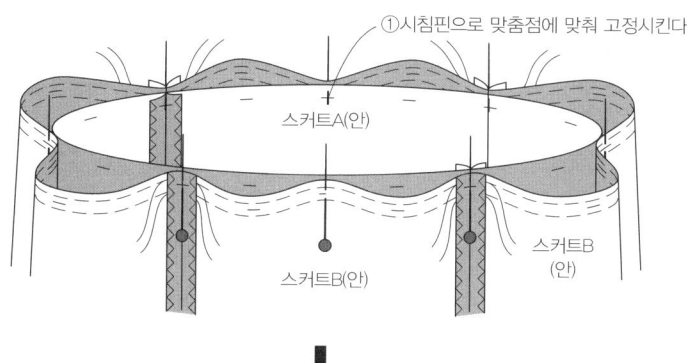

7 스커트를 정리한다

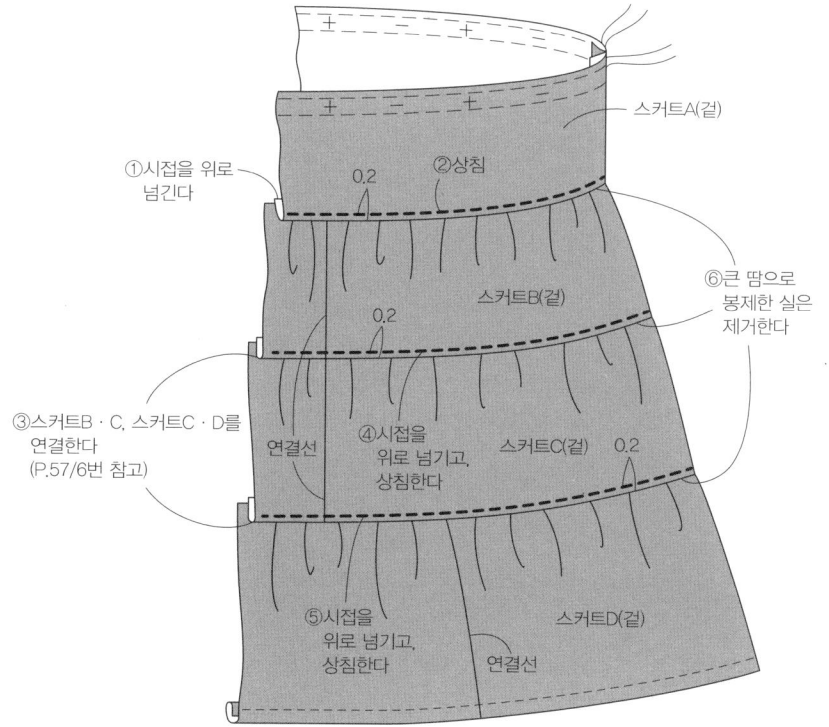

8 몸판에 스커트를 단다

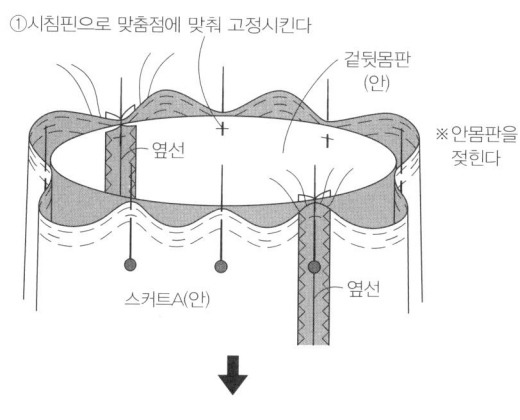

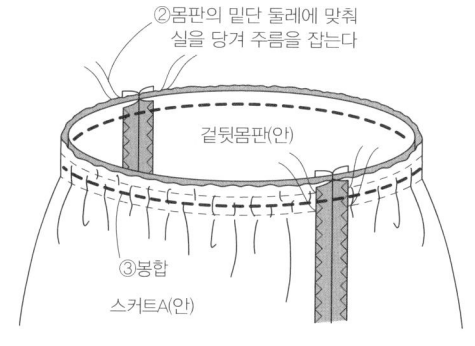

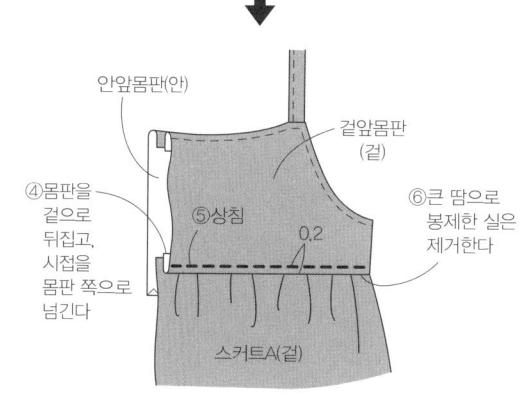

9 어깨끈감1에 길이조절고리를 연결한다

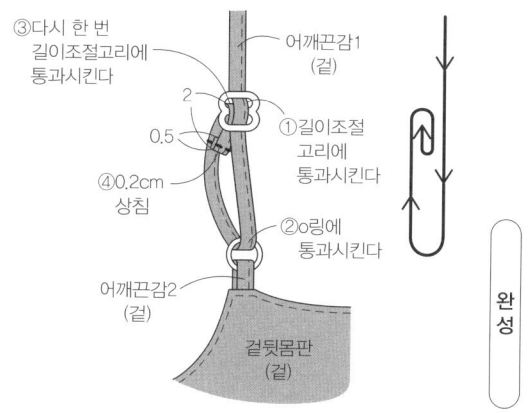

12 photo / p.18

재료		S	M	L
12번 겉감 (오가닉 코튼)	108cm폭	490cm	500cm	510cm
13번 겉감 (코튼 보일)	107cm폭	490cm	500cm	510cm
완성 사이즈	가슴둘레	108cm	112cm	116cm
	옷길이	114cm	117cm	120cm

패턴 준비하기 B면 **13번** 패턴을 사용합니다.

◆사용 실물 패턴…앞몸판/뒷몸판/앞·뒤스커트

* 길이가 긴 패턴은 분리하여 수록하였습니다. 맞춤점에 맞춰 한 장으로 연결해주세요.
* 끈감은 아래 축도패턴에 기재된 치수로 직접 제도하여 사용합니다.

13 photo / p.20

사이즈 표시
S사이즈
M사이즈
L사이즈
1개만 작성된 숫자는 공통

재단 배치도

· 지정 이외의 시접은 1cm
· 목둘레, 앞끝 안바이어스천은 직접 제도하여 사용합니다.

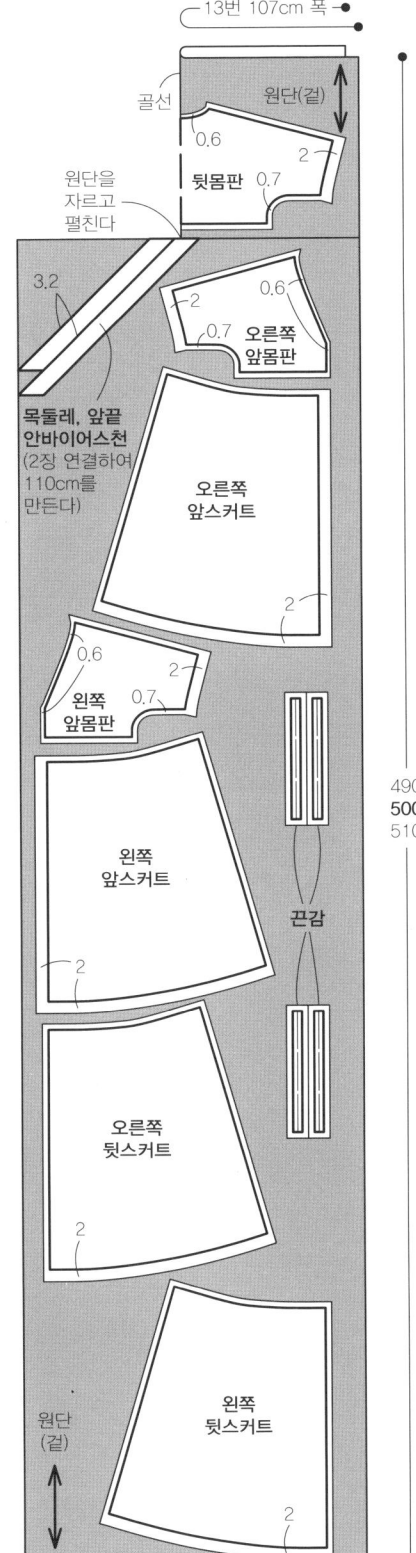

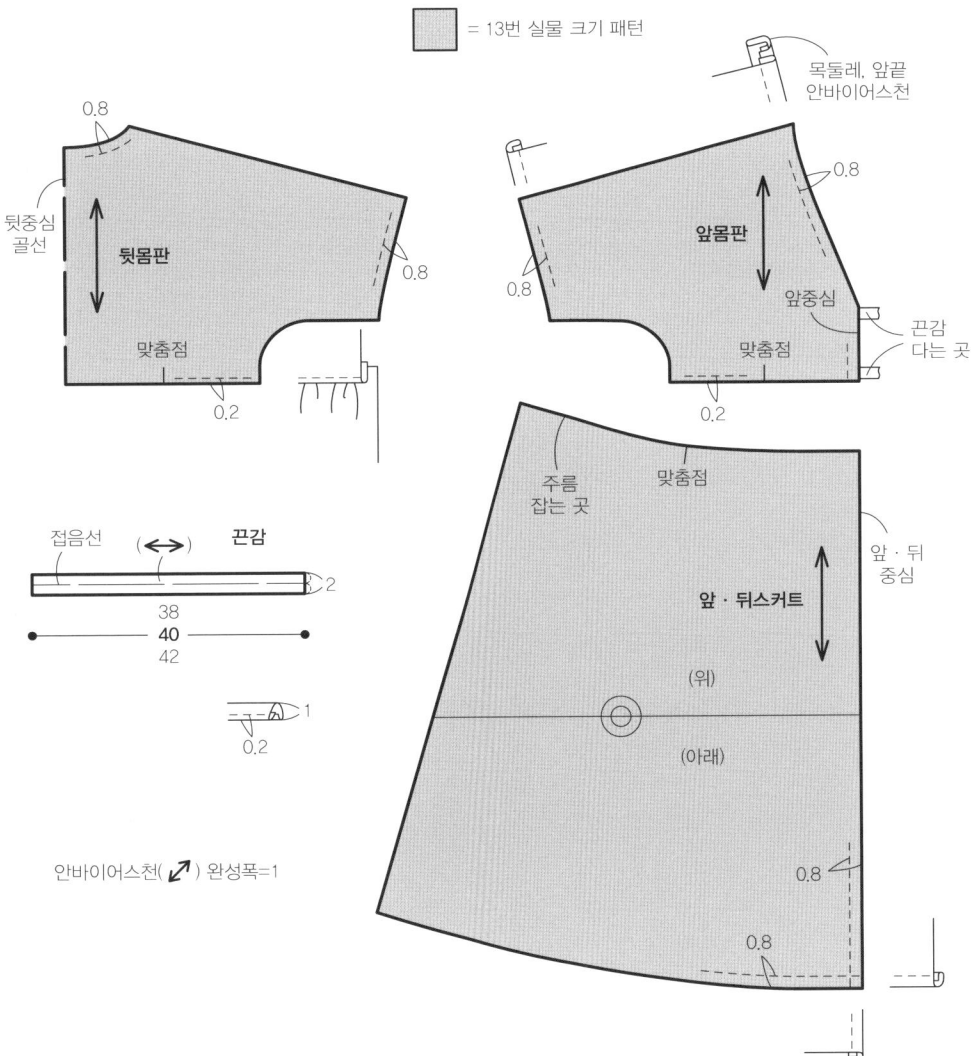

만드는 순서

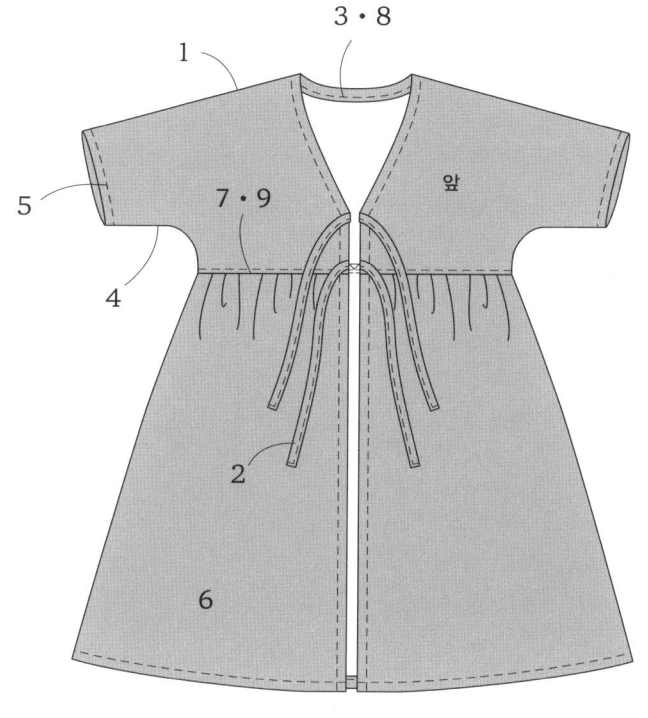

만드는 방법

1 몸판의 어깨를 봉합한다

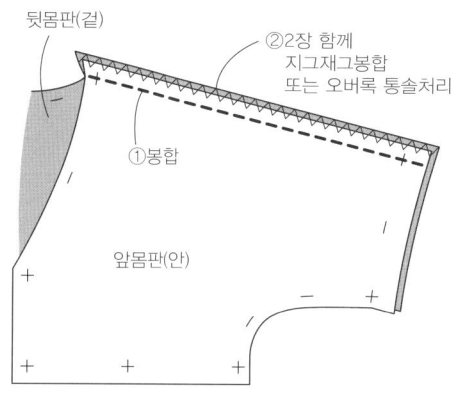

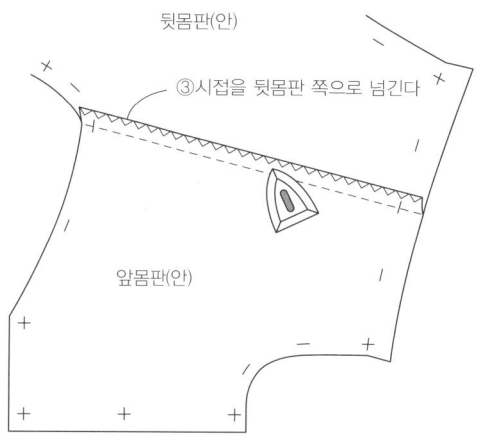

※반대쪽도 ①~③과정과 같은 방법으로 만든다

2 끈감을 만든다

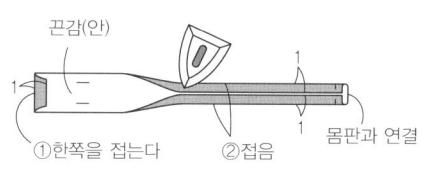

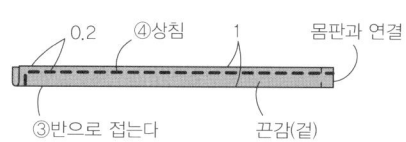

※끈감을 총 4개 만든다

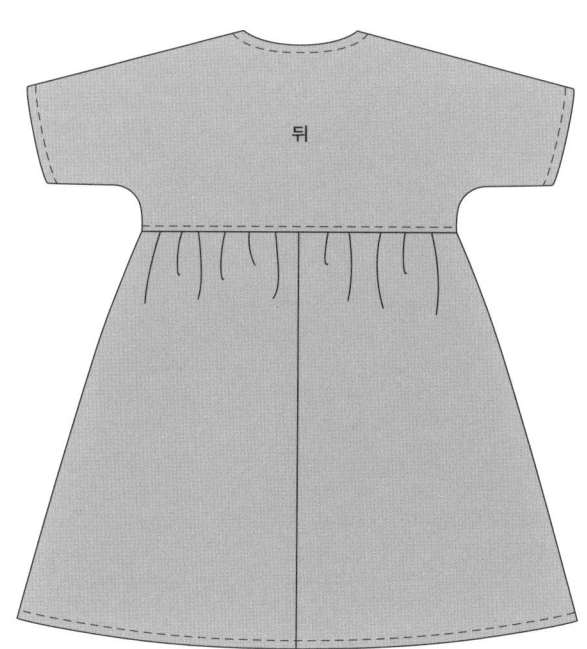

* 안바이어스천 연결하는 방법 *

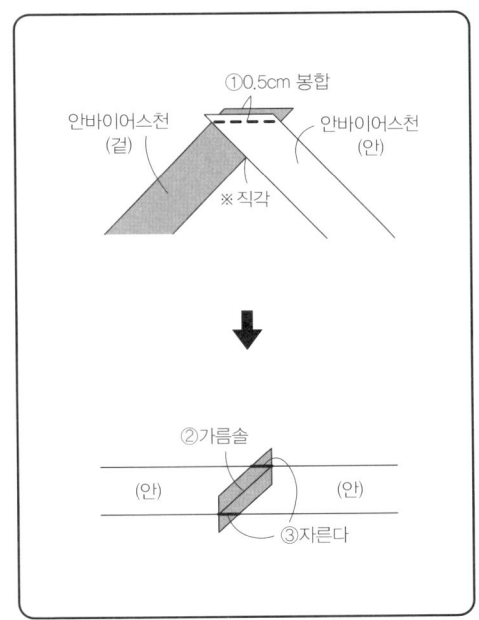

3 몸판의 목둘레와 앞끝에 안바이어스 처리한다

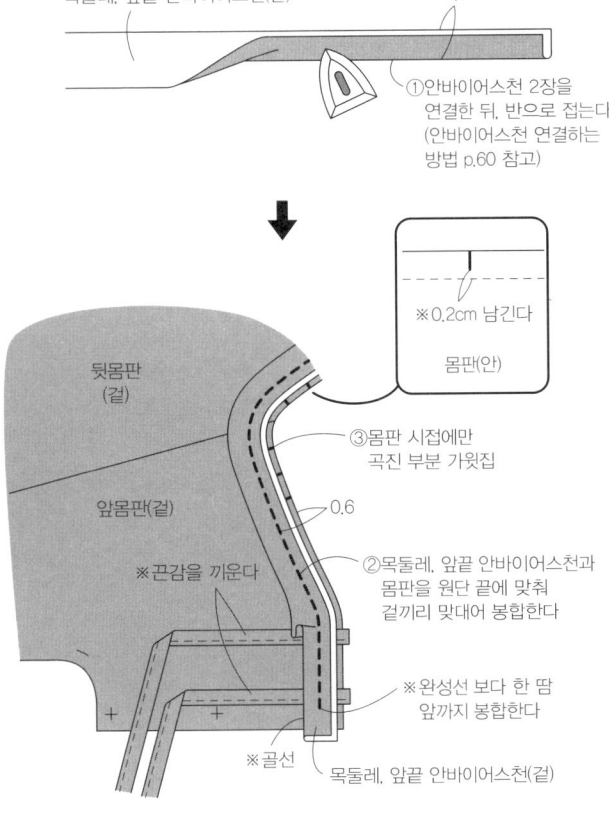

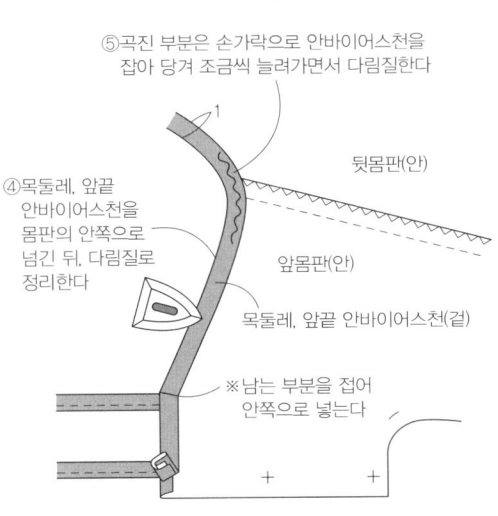

4 몸판의 옆선을 봉합한다

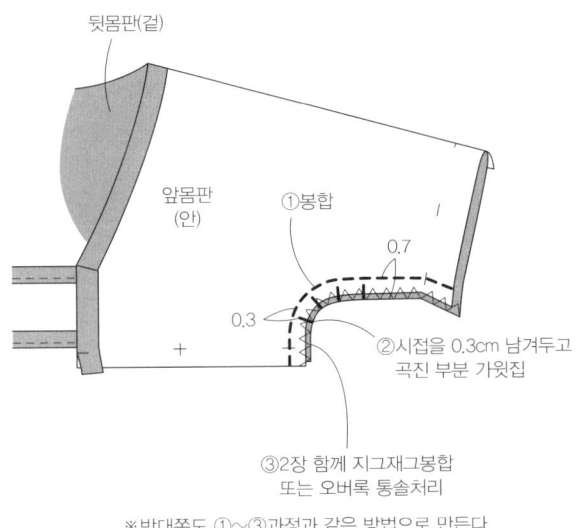

5 소매의 밑단을 정리한다

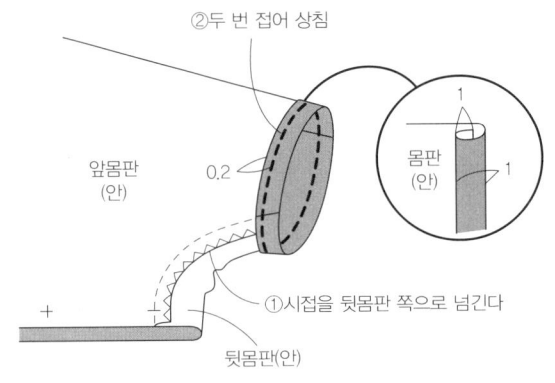

6 스커트를 만든다

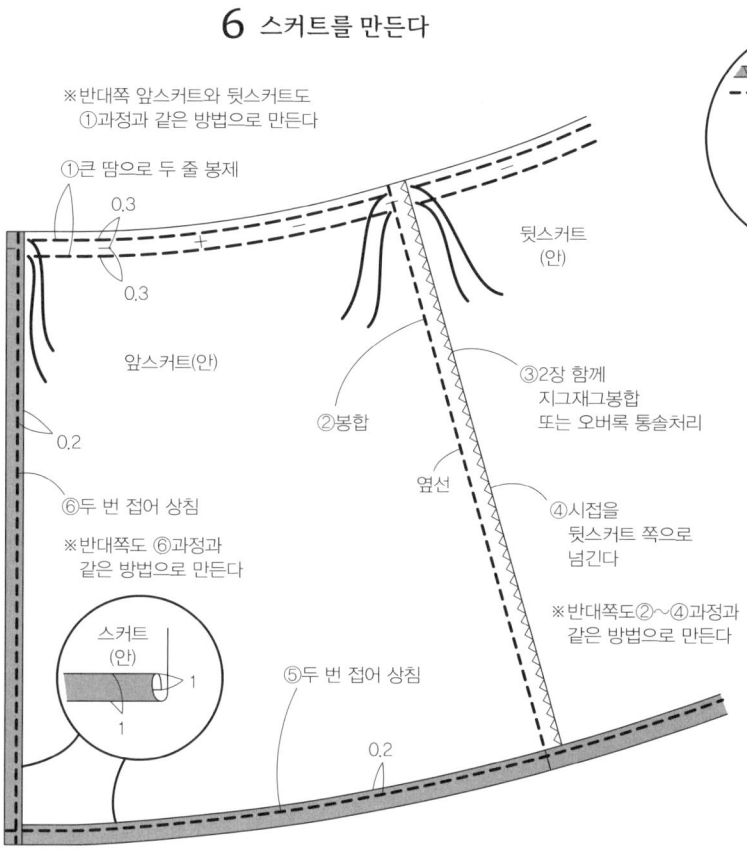

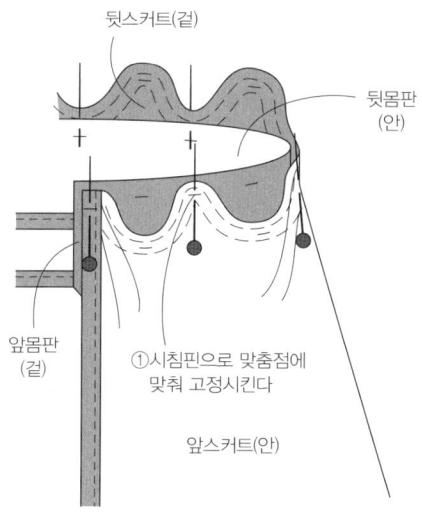

7 몸판에 스커트를 단다

8 목둘레, 앞끝 안바이어스천을 정리한다

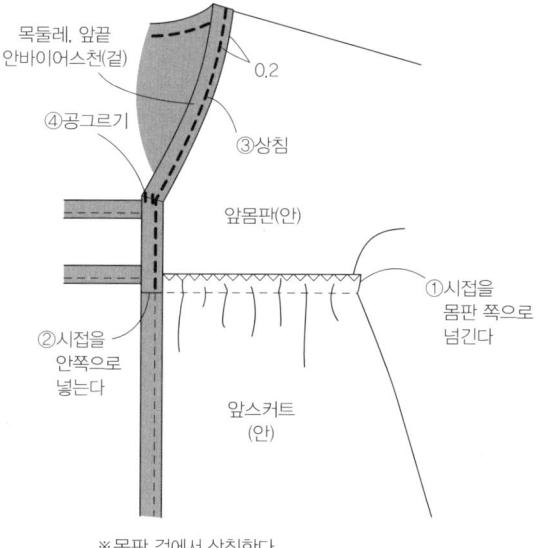

9 몸판의 허리둘레를 정리한다

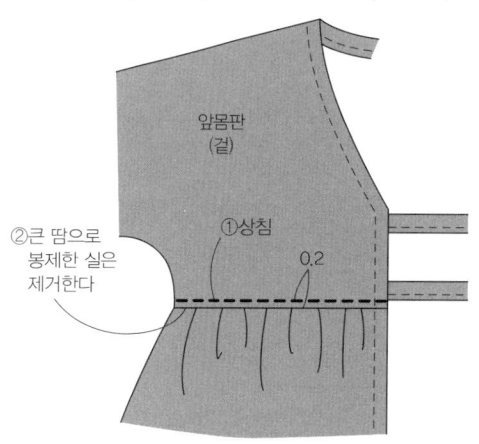

완성

14

photo / p.22

재료		S	M	L
14번 겉감 (선염 리넨 코튼 체크)	108cm폭	330cm	340cm	350cm
15번 겉감 (코튼)	110cm폭	330cm	340cm	350cm
접착심 (소잉심지)	112cm폭	110cm	110cm	110cm
단추	1cm폭	9개	9개	9개
완성 사이즈	가슴둘레	149cm	153cm	157cm
	옷길이	107cm	110cm	113cm

15

photo / p.22

패턴 준비하기 A면 4번, C면 14번 패턴을 사용합니다.

◆ 사용 실물 패턴…4번 주머니. 14번 앞몸판/뒷몸판/뒷요크/겉·안칼라/소매/보강감

* 길이가 긴 패턴은 분리하여 수록하였습니다. 맞춤점에 맞춰 한 장으로 연결해주세요.

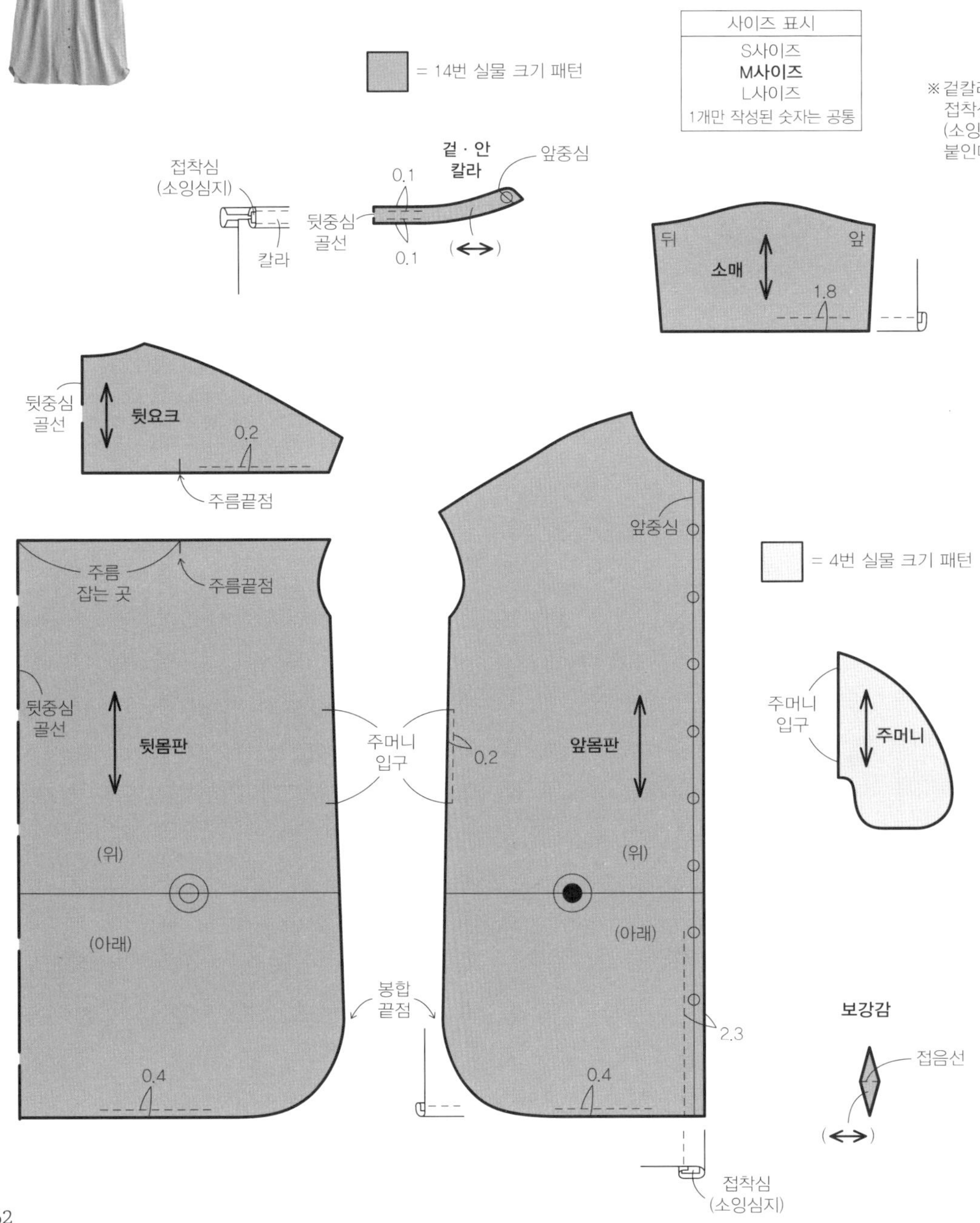

재단 배치도

· 지정 이외의 시접은 1cm
· ░░░ 부분에 접착심(소잉심지)을 붙인다
· ∿∿ 부분에 지그재그 봉제 또는 오버록 처리한다

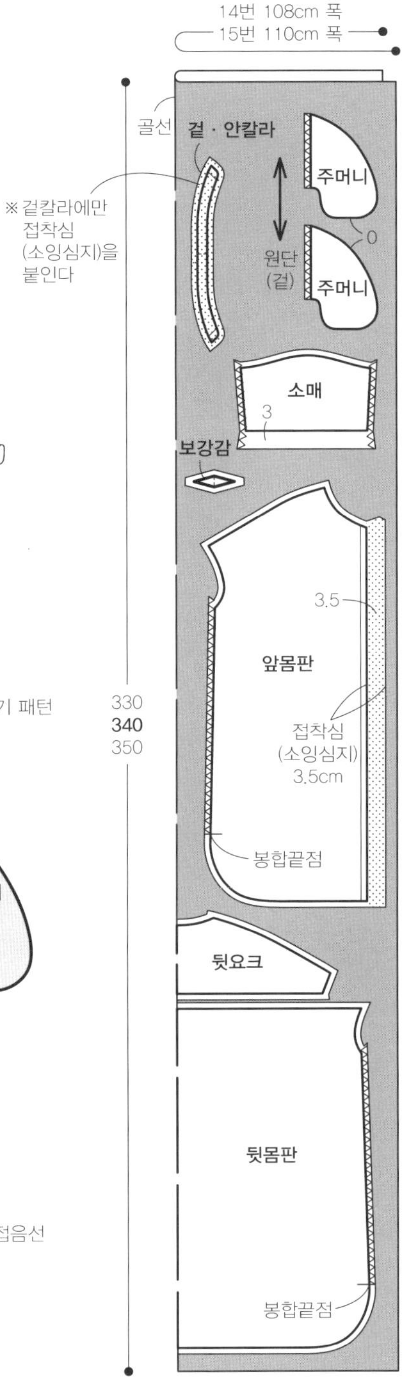

만드는 방법

1 몸판의 밑단을 정리한다

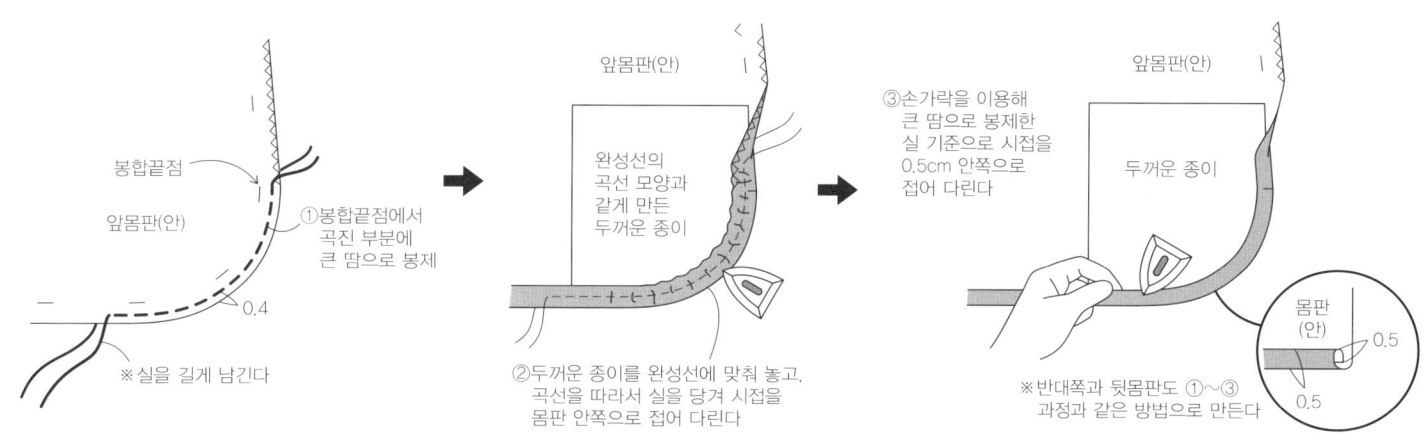

만드는 순서

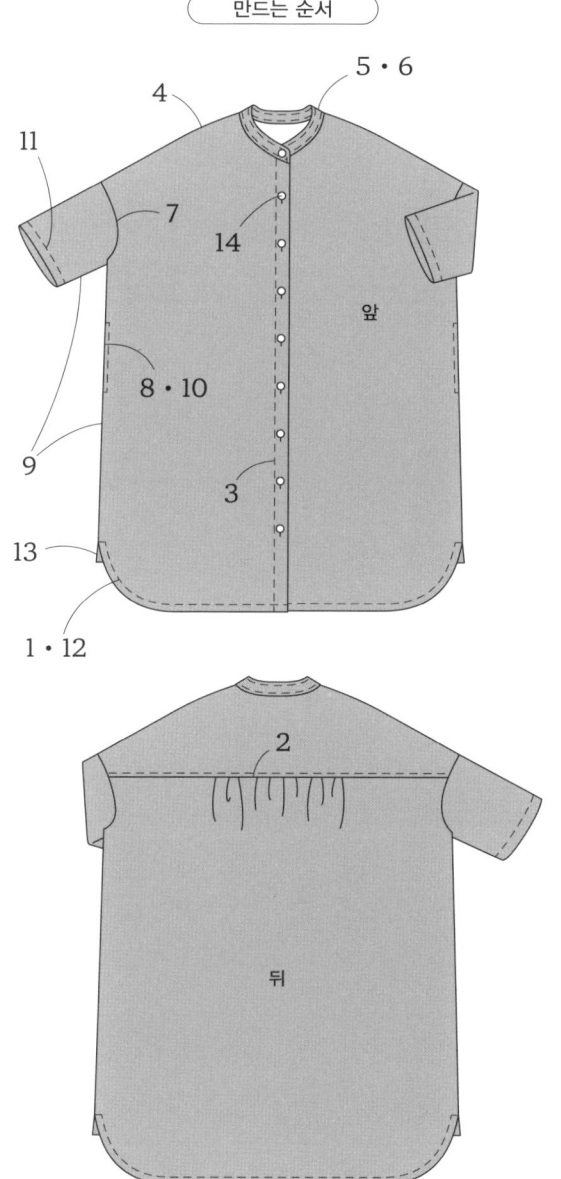

2 뒷몸판에 뒷요크를 단다

3 앞몸판의 앞끝을 정리한다

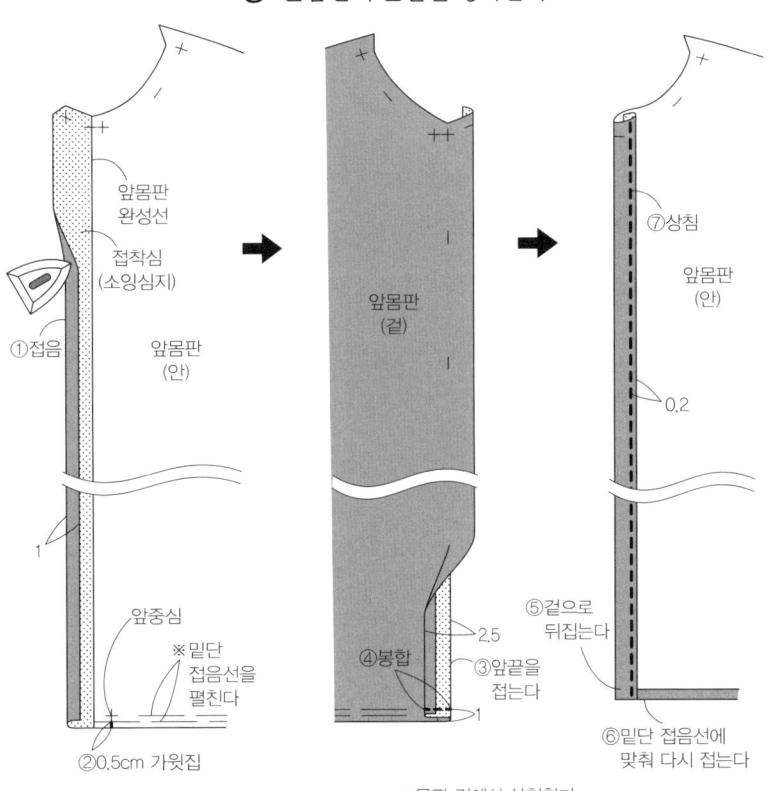

※몸판 겉에서 상침한다
※반대쪽도 ①~⑦과정과 같은 방법으로 만든다

4 몸판의 어깨를 봉합한다

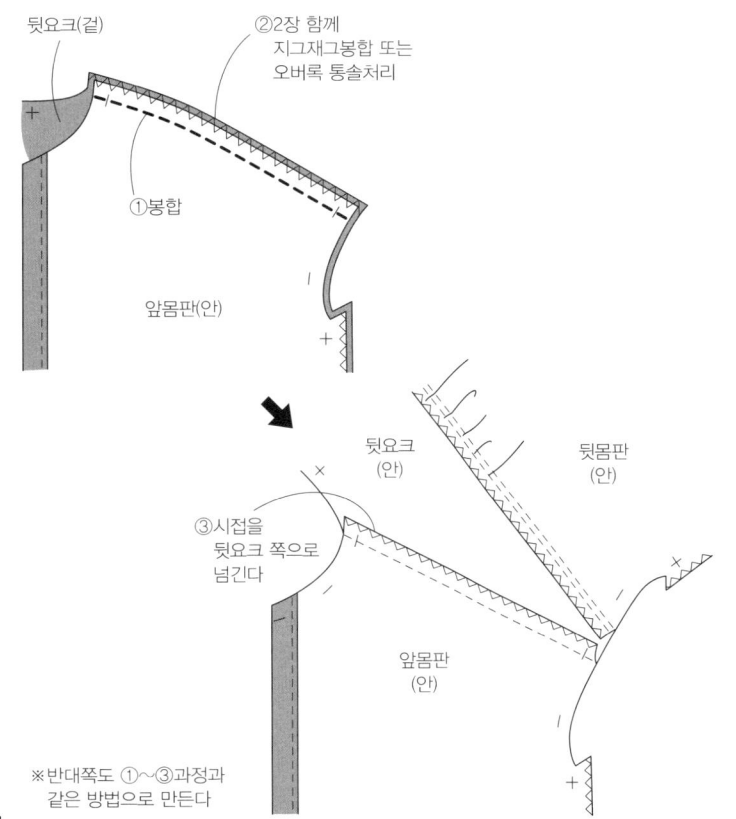

※반대쪽도 ①~③과정과 같은 방법으로 만든다

5 칼라를 만든다

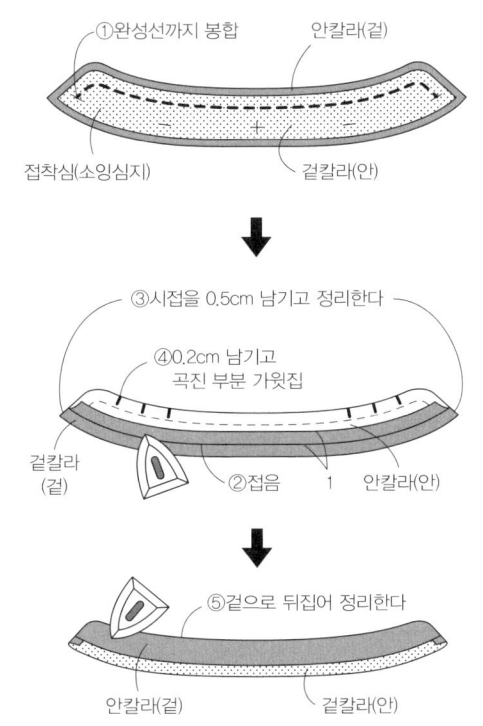

6 몸판에 칼라를 단다

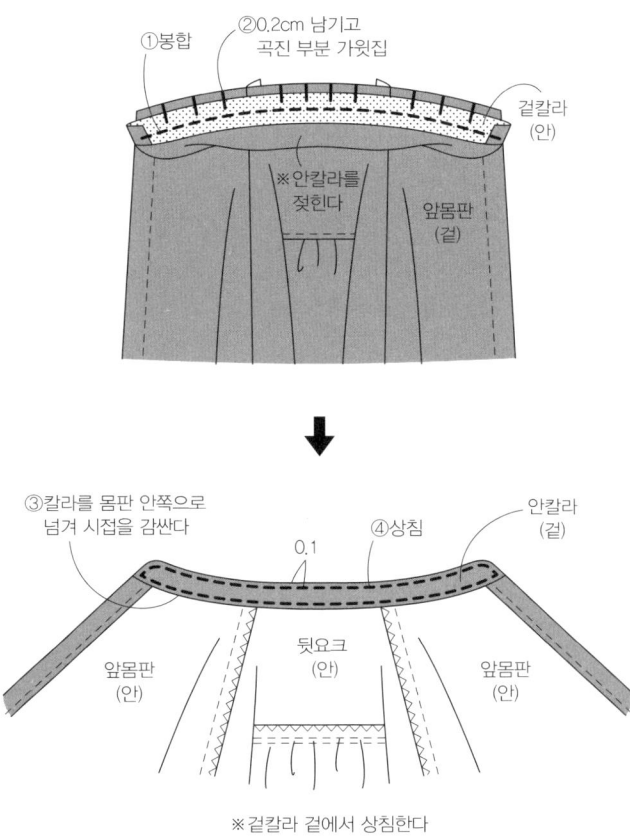

※겉칼라 겉에서 상침한다

7 몸판에 소매를 단다

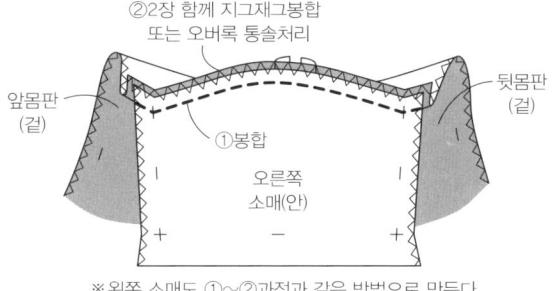

※왼쪽 소매도 ①~②과정과 같은 방법으로 만든다

8 몸판의 옆선에 주머니를 단다 (p.41/6번 참고)
9 몸판과 소매의 옆선을 한 번에 이어서 봉합한다

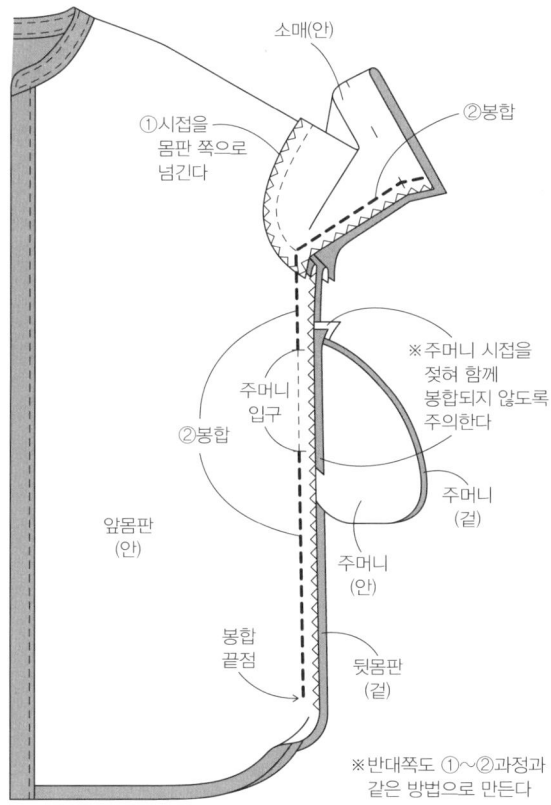

10 주머니를 만든다 (p.41/8번 참고)
11 소매의 밑단을 정리한다

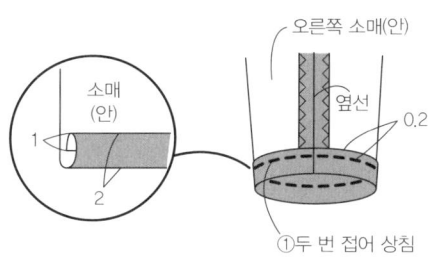

※소매 겉에서 상침한다
※왼쪽 소매도 ①과정과 같은 방법으로 만든다

12 몸판의 밑단을 정리한다

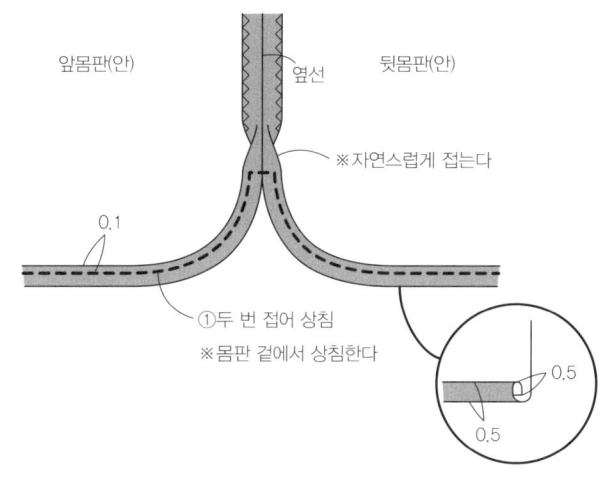

13 보강감을 만들어 몸판에 단다

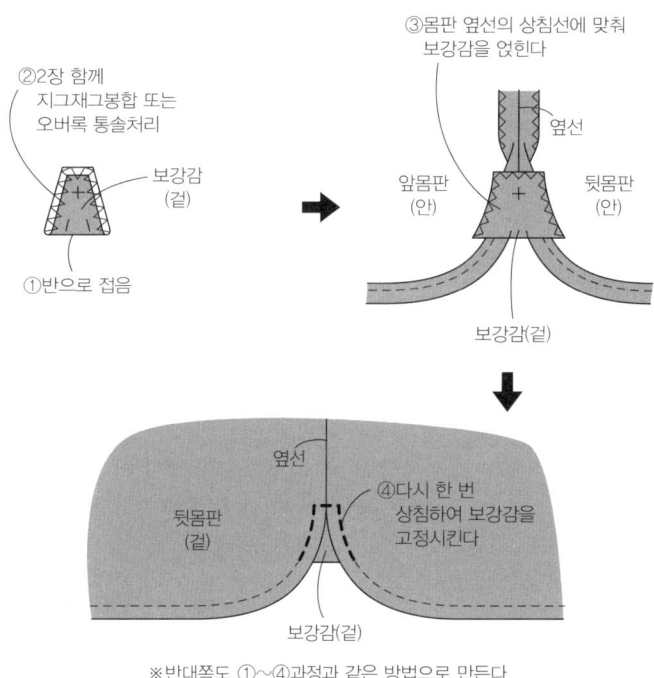

※반대쪽도 ①~④과정과 같은 방법으로 만든다

14 몸판에 단춧구멍을 뚫고, 단추를 단다

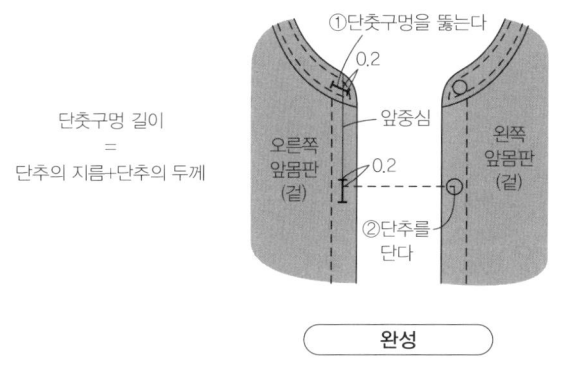

단춧구멍 길이 = 단추의 지름 + 단추의 두께

(완성)

17 photo / p.26

18 photo / p.27

재료		S	M	L
17번 겉감 (리넨)	110cm폭	360cm	370cm	380cm
18번 겉감 (리넨)	107cm폭	320cm	330cm	340cm
완성 사이즈	가슴둘레	116cm	120cm	124cm
	17번 옷길이	119.8cm	123cm	126.2cm
	18번 옷길이	105cm	108cm	111cm

패턴 준비하기 D면 17, 18번 패턴을 사용합니다.

◆사용 실물 패턴…앞몸판/뒷몸판/소매(18번 원피스)

* 길이가 긴 패턴은 분리하여 수록하였습니다. 맞춤점에 맞춰 한 장으로 연결해주세요.
* 17번 리본감은 아래 축도패턴에 기재된 치수로 직접 제도하여 사용합니다.

사이즈 표시
S사이즈
M사이즈
L사이즈
1개만 작성된 숫자는 공통

17번 재단 배치도

· 지정 이외의 시접은 1cm
· ~~~ 부분에 지그재그 봉제 또는 오버록 처리한다
· 목둘레 안바이어스천은 직접 제도하여 사용합니다

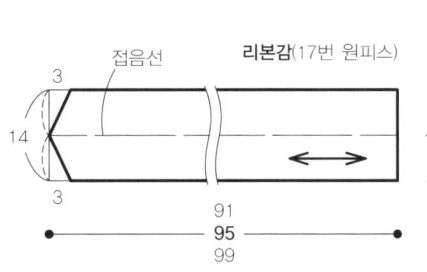

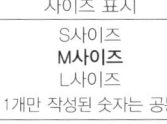

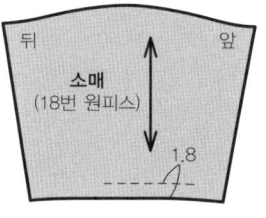

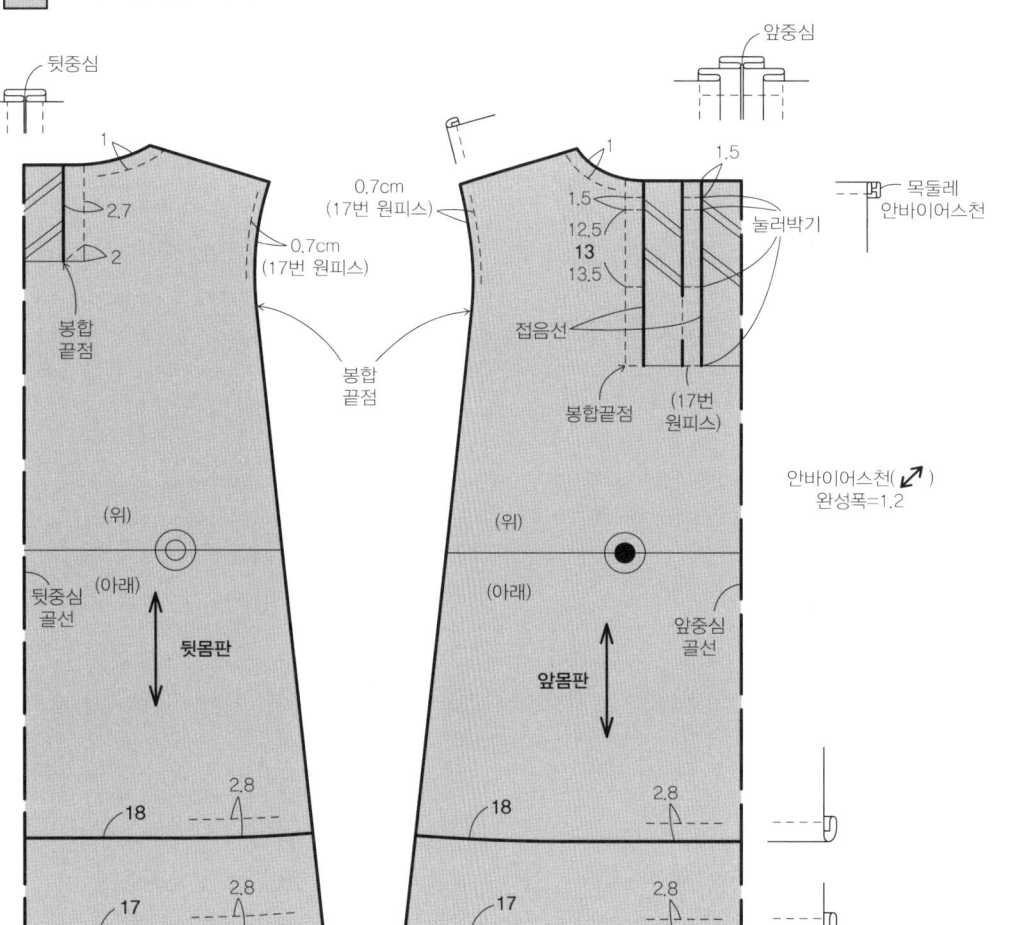

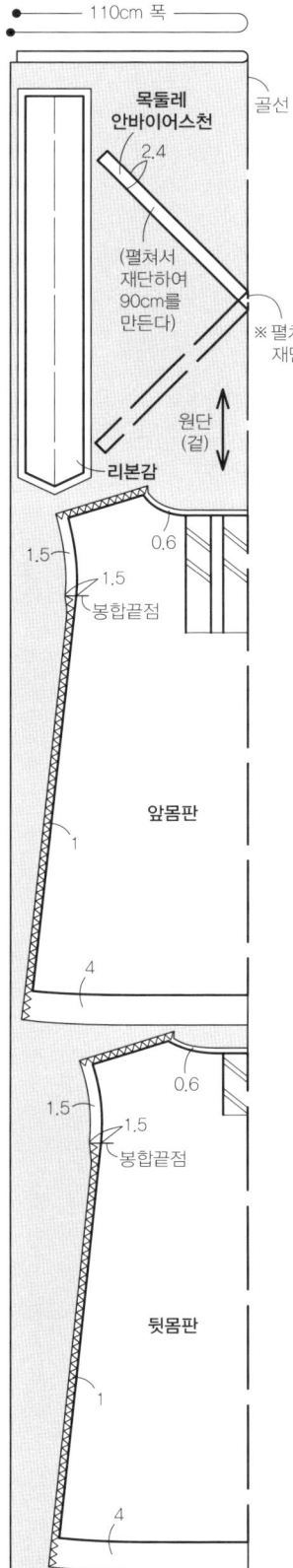

18번 재단 배치도

- 지정 이외의 시접은 1cm
- ⌇⌇ 부분에 지그재그 봉제 또는 오버록 처리한다
- 목둘레 안바이어스천은 직접 제도하여 사용합니다

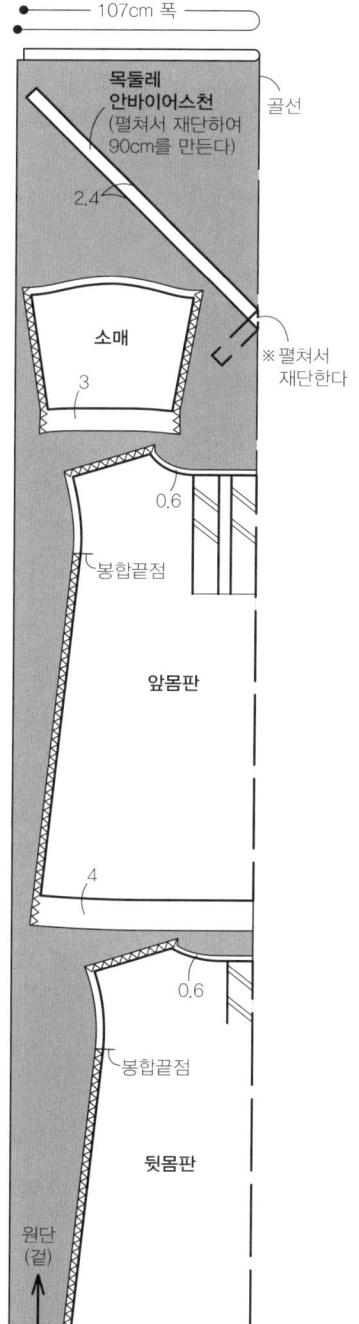

만드는 순서

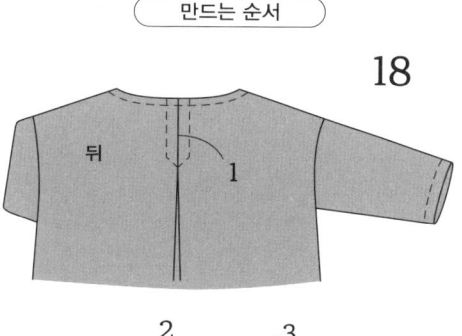

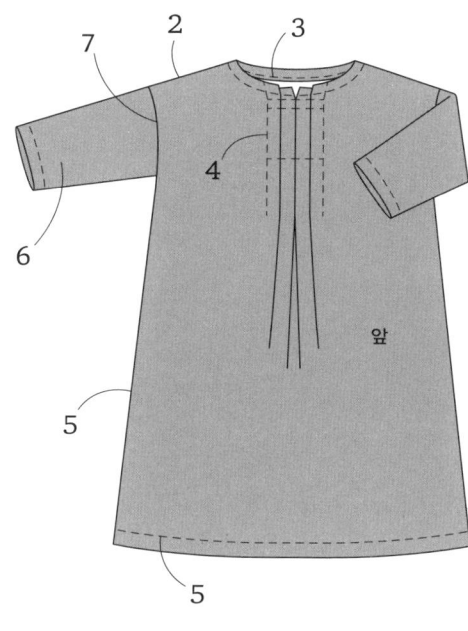

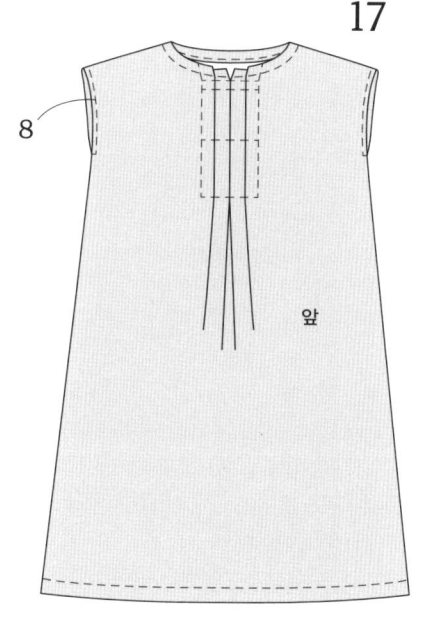

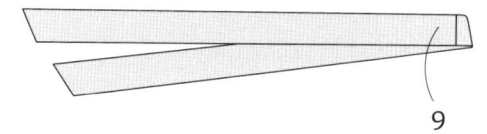

만드는 방법

1 뒷몸판에 맞주름을 잡는다

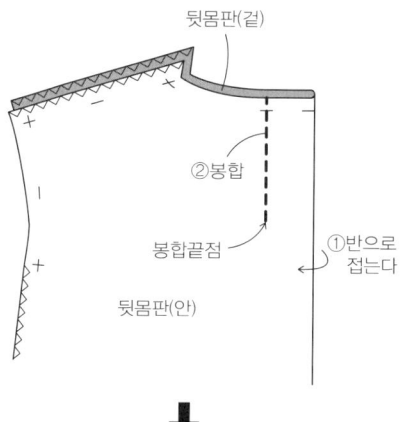

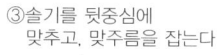

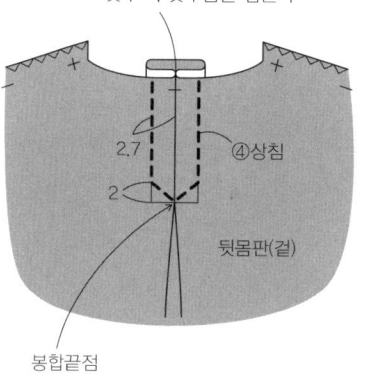

2 몸판의 어깨를 봉합한다

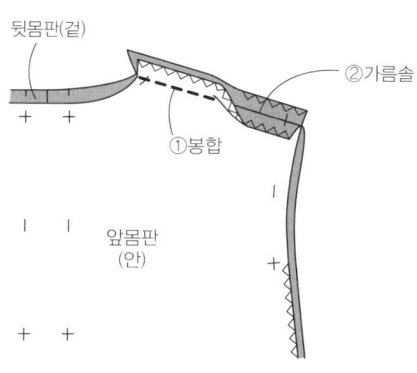

※ 반대쪽도 ①~②과정과 같은 방법으로 만든다

* 안바이어스천 만드는 방법 *

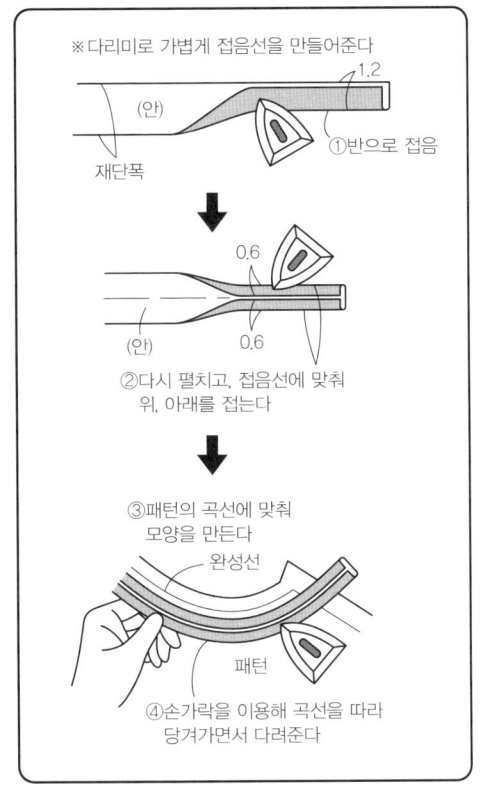

3 목둘레를 안바이어스 처리한다
(안바이어스천 만드는 방법 p.68 참고)

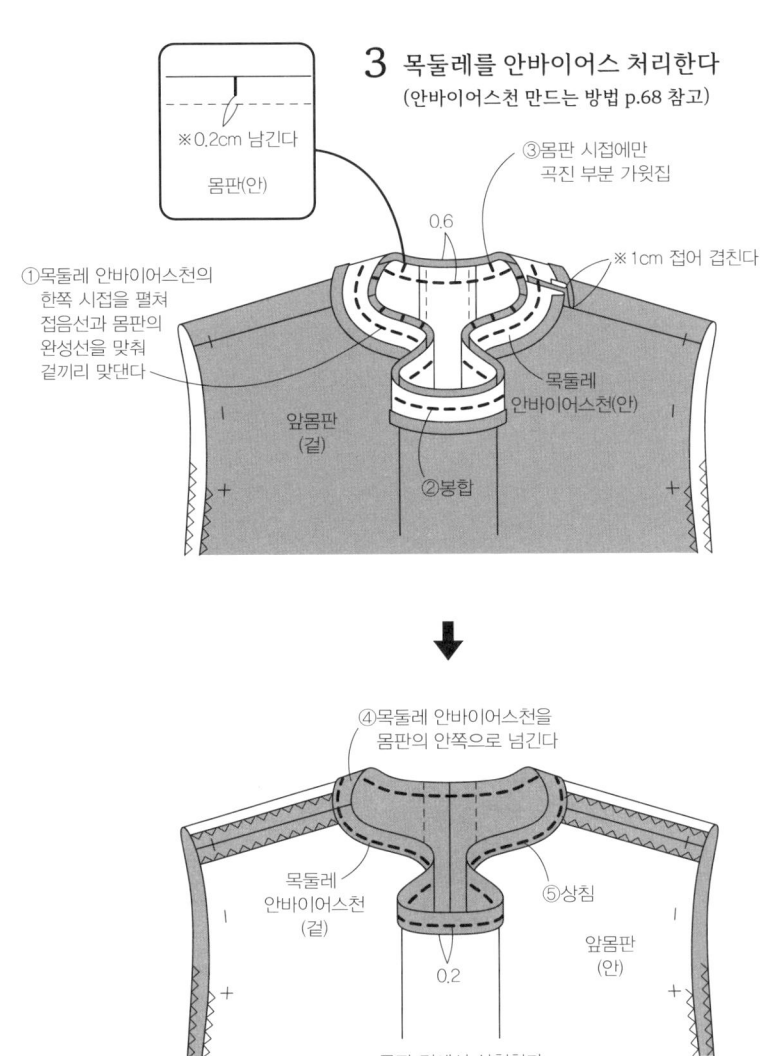

4 앞몸판에 턱을 잡는다

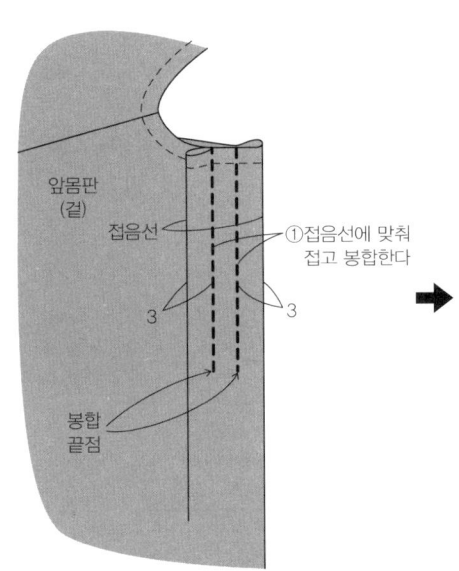

[18번 원피스]

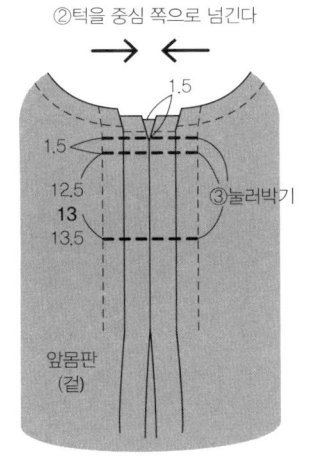

[17번 원피스]

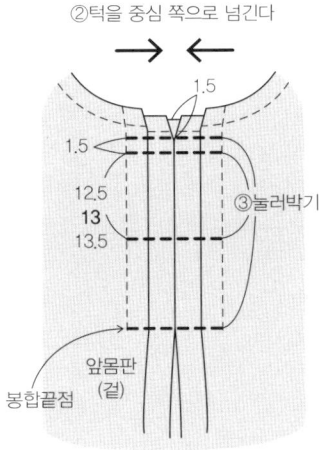

5 몸판의 옆선을 봉합하고 밑단을 정리한다

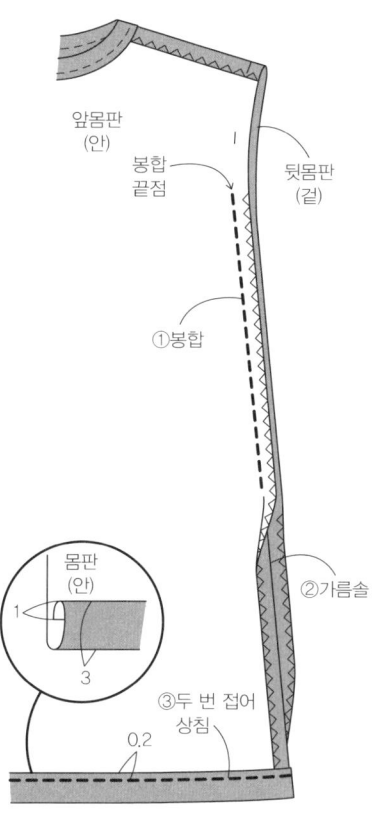

※몸판 겉에서 상침한다
※반대쪽도 ①~③과정과 같은 방법으로 만든다

6 소매를 만든다 (18번 원피스)

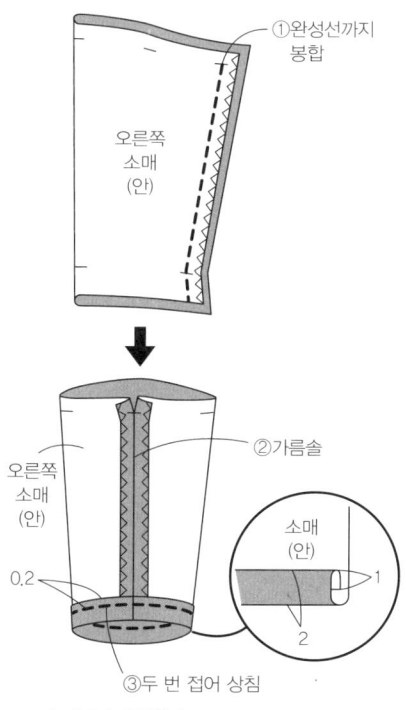

※소매 겉에서 상침한다
※왼쪽 소매도 ①~③과정과 같은 방법으로 만든다

7 몸판에 소매를 단다
(18번 원피스)

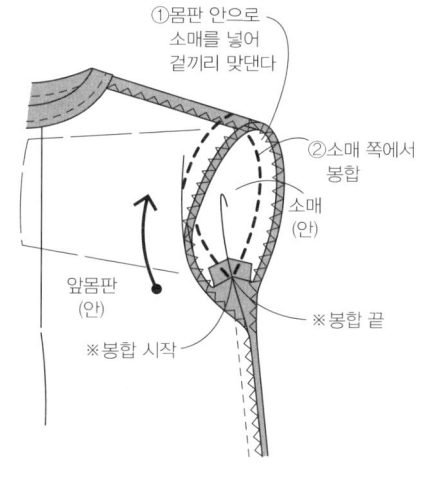

8 몸판의 암홀둘레를 정리한다
(17번 원피스)

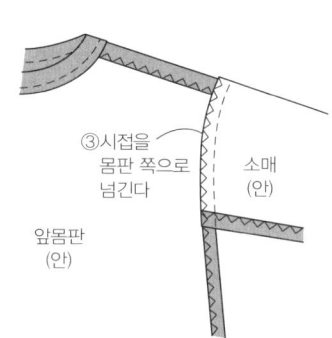

※몸판 겉에서 상침한다
※반대쪽도 ①과정과 같은 방법으로 만든다

9 리본감을 만든다
(17번 원피스)

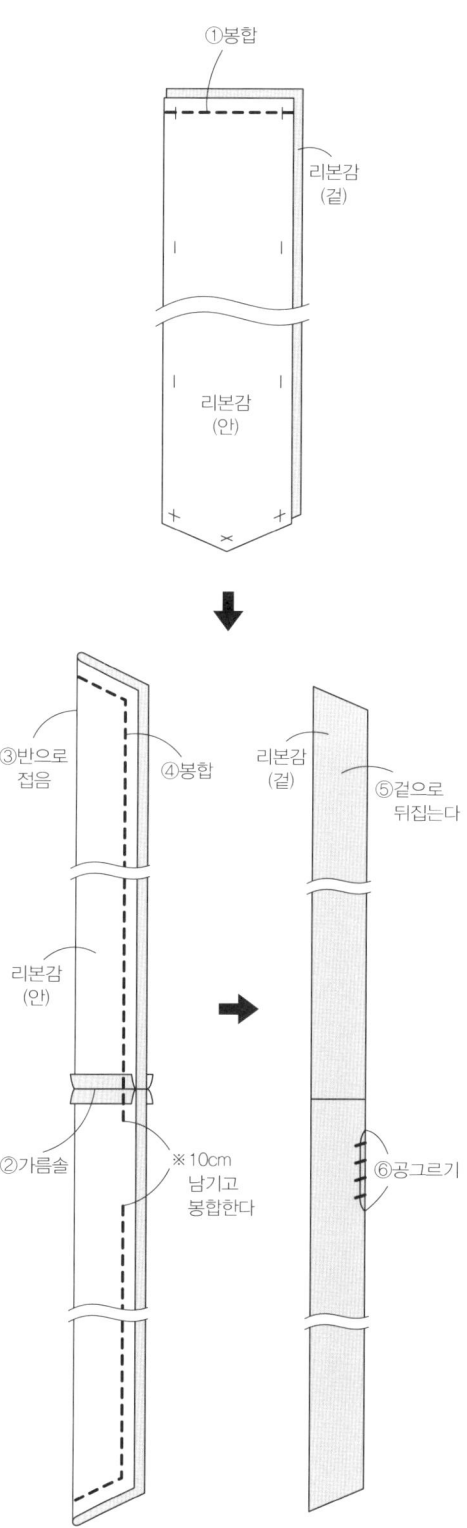

완성

19 photo / p.28

재료		S	M	L
겉감 (선염 리넨 코튼 체크)	112cm폭	440cm	450cm	460cm
접착심 (소잉심지)	112cm폭	110cm	110cm	110cm
단추	1.1cm폭	12개	12개	12개
완성 사이즈	가슴둘레	121cm	125cm	129cm
	옷길이	111cm	114cm	117cm

패턴 준비하기 A면 4번, D면 19번 패턴을 사용합니다.

◆ 사용 실물 패턴…4번 주머니, 19번 앞몸판/뒷몸판/소매/후드

* 길이가 긴 패턴은 분리하여 수록하였습니다. 맞춤점에 맞춰 한 장으로 연결해주세요.

* 탭, 끈감은 아래 축도패턴에 기재된 치수로 직접 제도하여 사용합니다.

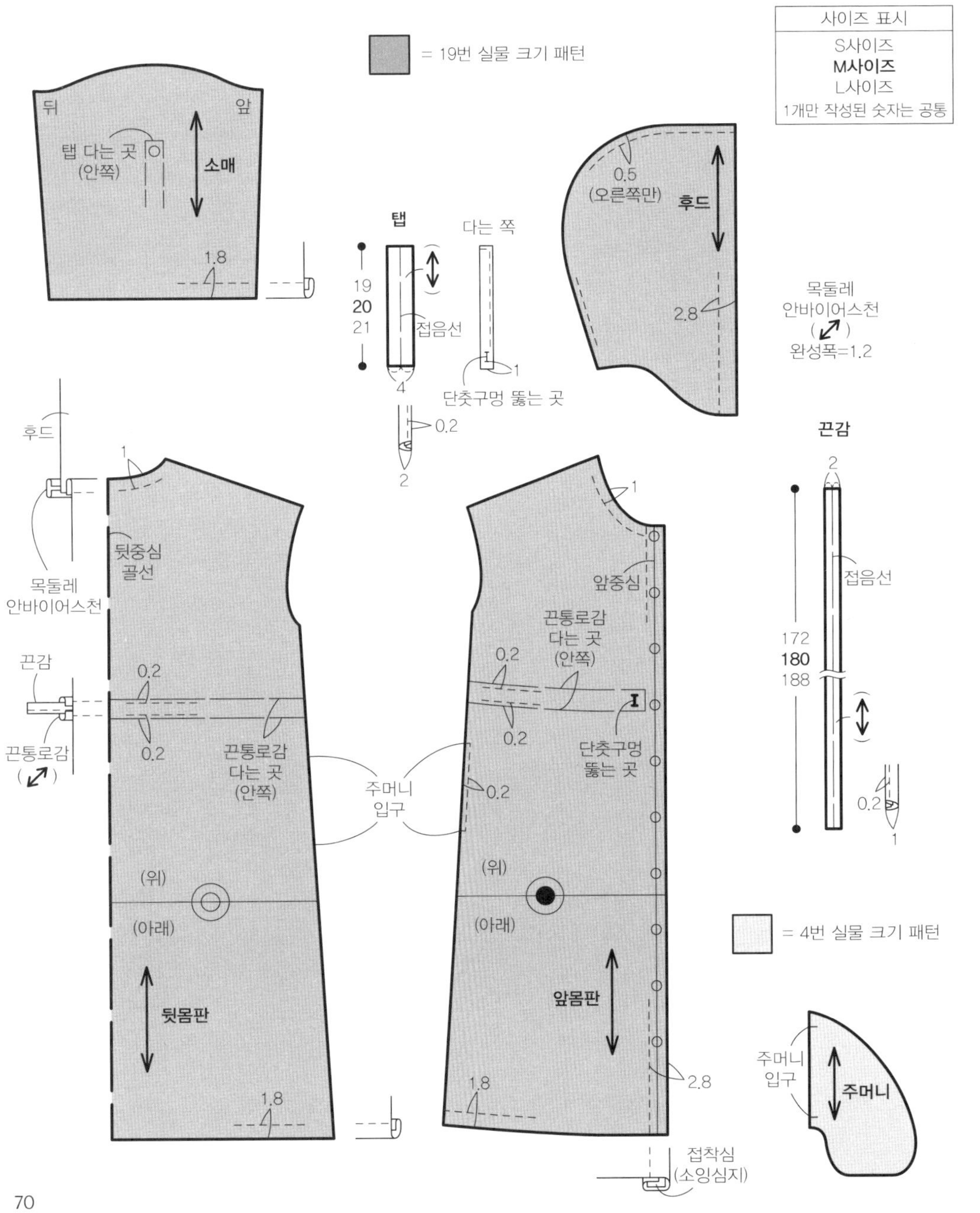

재단 배치도

- 지정 이외의 시접은 1cm
- 부분에 접착심(소잉심지)을 붙인다
- 부분에 지그재그 봉제 또는 오버록 처리한다
- 끈통로감, 목둘레 안바이어스천은 직접 제도하여 사용합니다

사이즈 표시
S사이즈
M사이즈
L사이즈
1개만 작성된 숫자는 공통

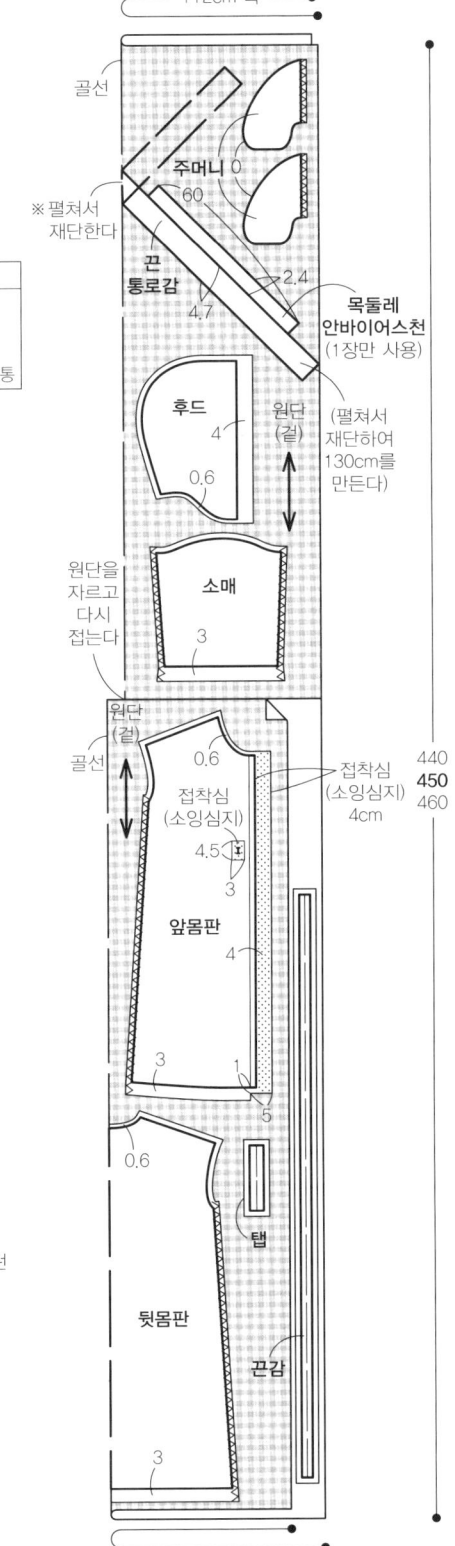

만드는 순서

만드는 방법

1 앞몸판의 앞끝을 접고, 끈통로를 만든다

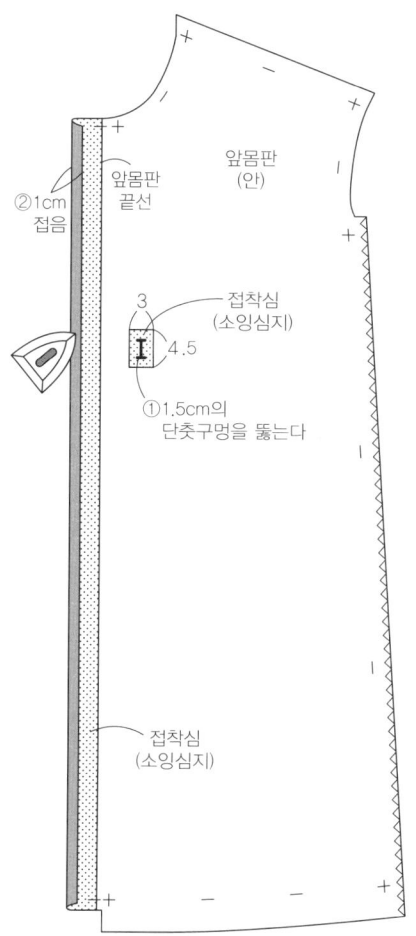

※ 반대쪽도 ①~②과정과 같은 방법으로 만든다

2 후드를 만든다

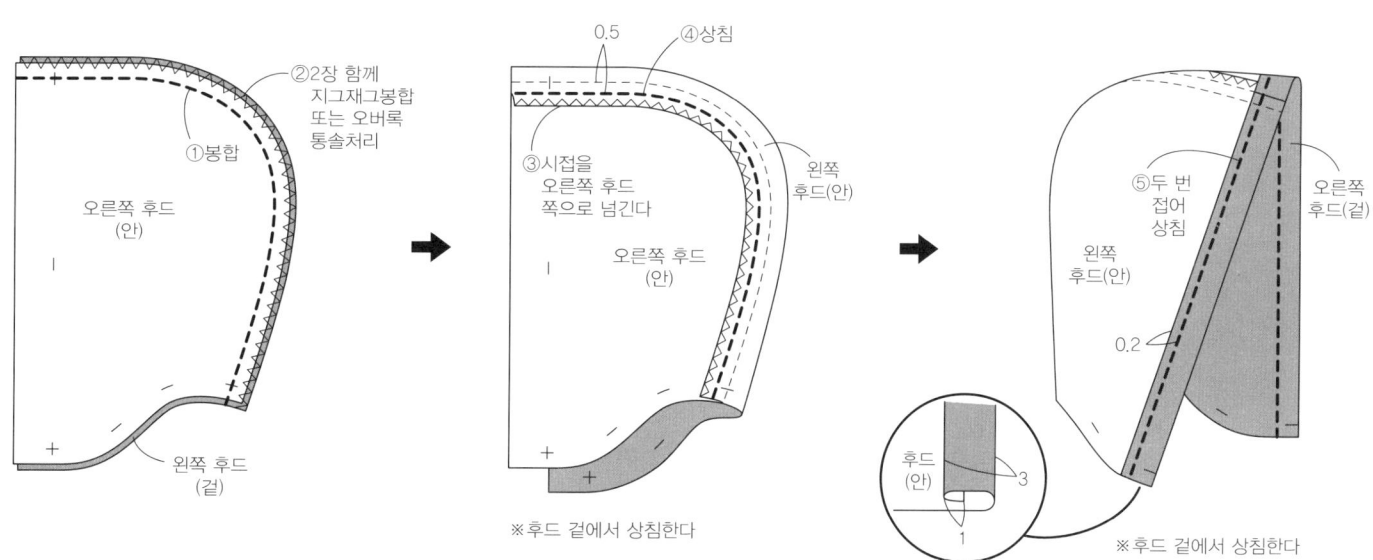

71

3 몸판의 어깨를 봉합한다

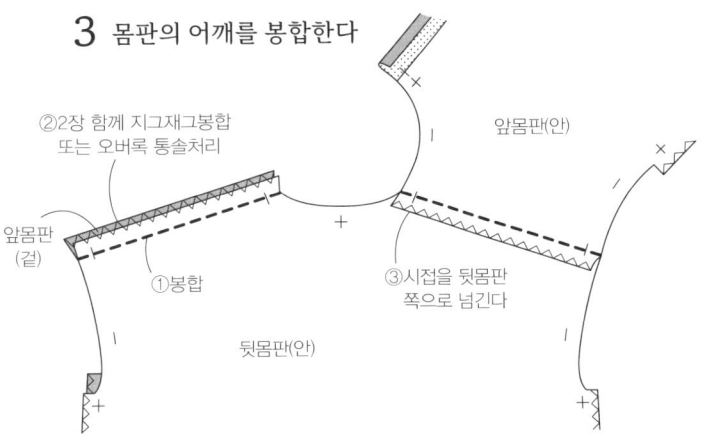

4 몸판에 후드를 단다 (안바이어스천 만드는 방법 p.68 참고)

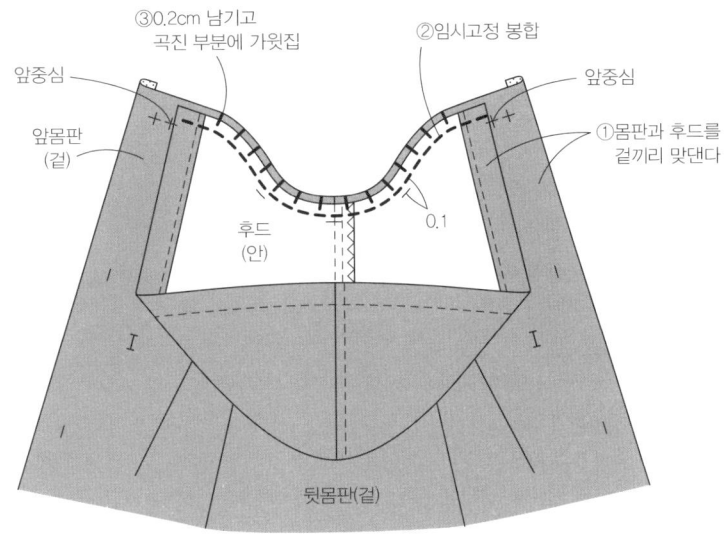

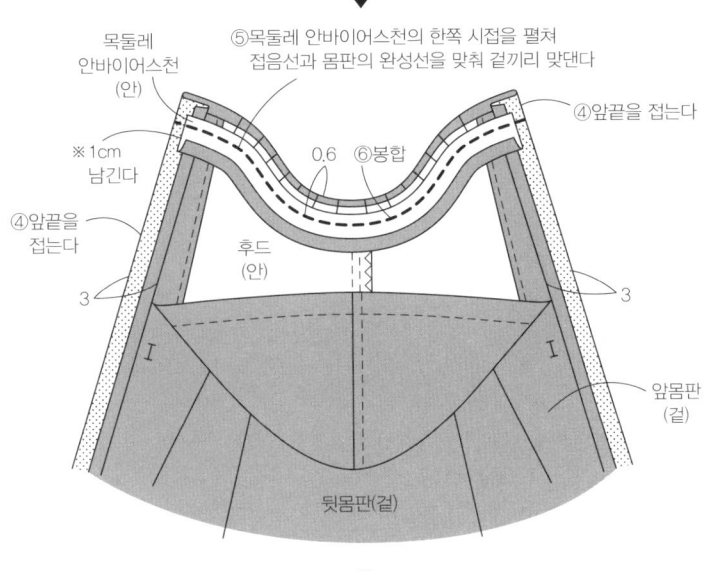

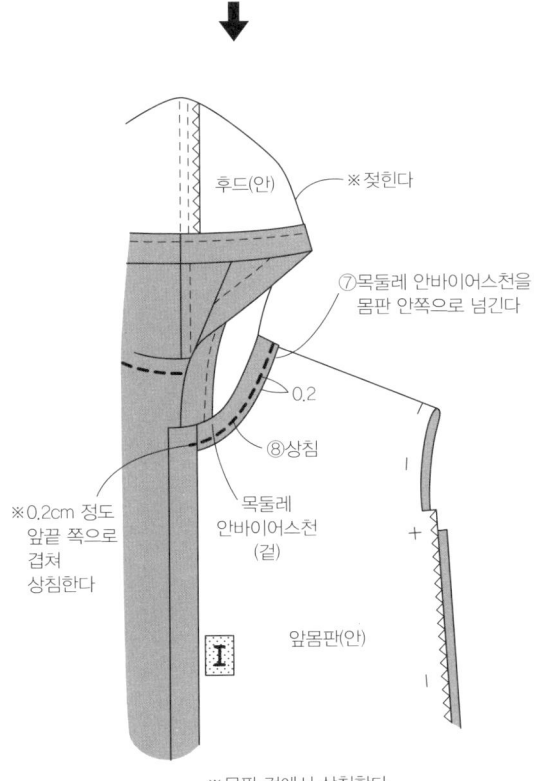

5 앞몸판의 밑단을 시접 처리한다

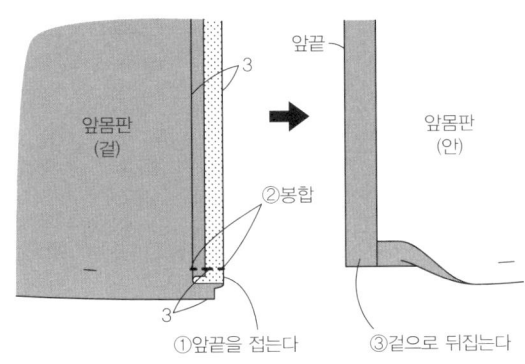

※반대쪽도 ①~③과정과 같은 방법으로 만든다

6 몸판에 소매를 단다
(p.65/7번 참고)
※시접은 몸판 쪽으로 넘긴다

7 몸판의 옆선에 주머니를 단다
(p.41/6번 참고)

8 몸판과 소매의 옆선을 한 번에 이어서 봉합한다
(p.65/9번 참고)
※몸판 옆선을 밑단 끝까지 봉합한다

9 주머니를 만든다
(p.41/8번 참고)

10 끈통로감을 만든다

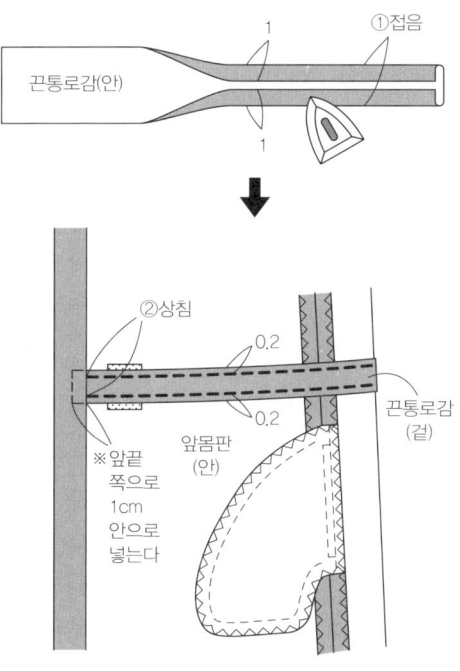

11 몸판의 앞끝과 밑단을 정리한다

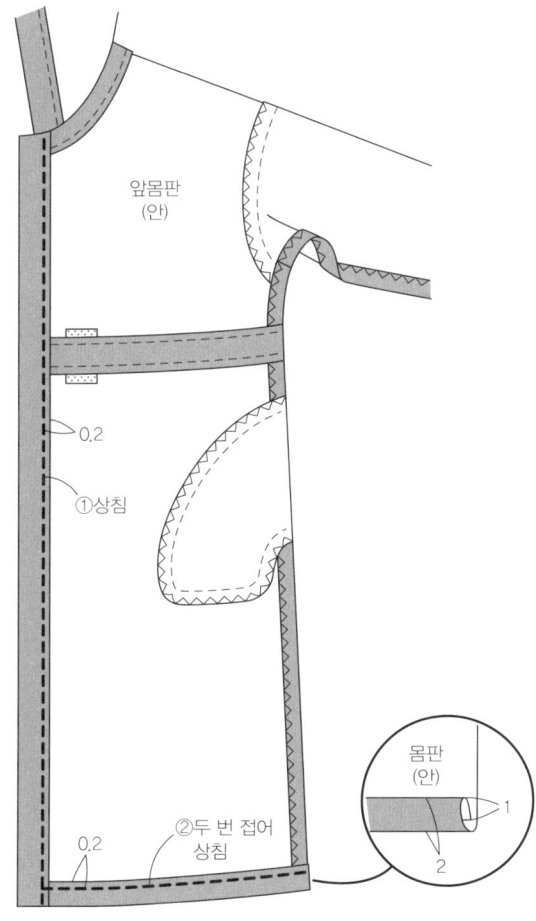

12 몸판에 단춧구멍을 뚫고 단추를 단다

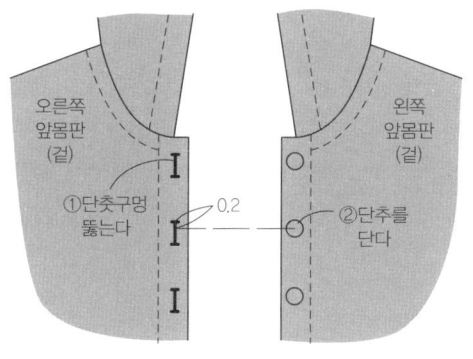

단춧구멍 길이 = 단추 지름 + 단추 두께

13 탭을 만들어 소매에 단다

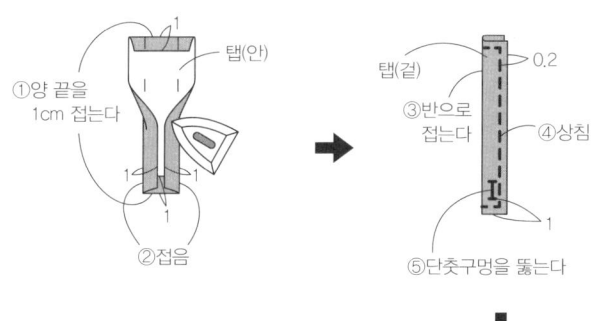

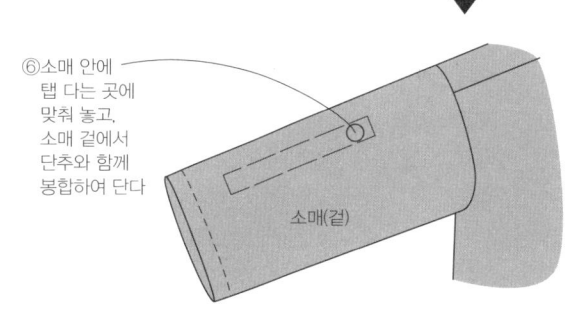

※반대쪽도 ①~⑥과정과 같은 방법으로 만든다

14 끈감을 만들어 끈통로감에 통과시킨다

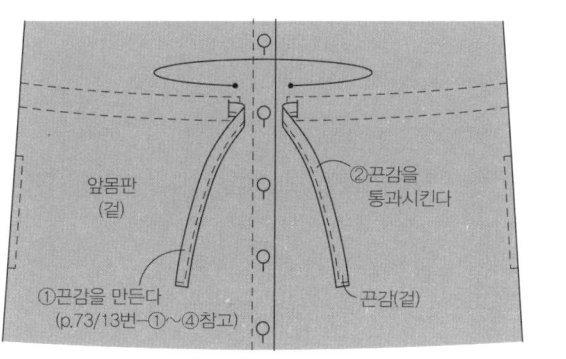

완성

16 photo / p.24

재료		S	M	L
겉감 (코튼)	110cm폭	350cm	360cm	370cm
접착심 (소잉심지)	10cm폭	10cm	10cm	10cm
완성 사이즈	가슴둘레	134cm	140cm	146cm
	옷길이	110cm	113cm	116cm

패턴 준비하기　D면 16번 패턴을 사용합니다.

◆ 사용 실물 패턴…앞·뒤몸판

* 앞·뒤스커트, 옆몸판, 끈감은 아래 축도패턴에 기재된 치수로 직접 제도하여 사용합니다.

재단 배치도

· 지정 이외의 시접은 1cm
· ▨ 부분에 접착심(소잉심지)을 붙인다
· 암홀둘레, 목둘레 안바이어스천은 직접 제도하여 사용합니다

사이즈 표시
S사이즈
M사이즈
L사이즈
1개만 작성된 숫자는 공통

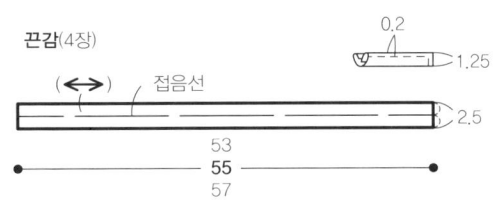
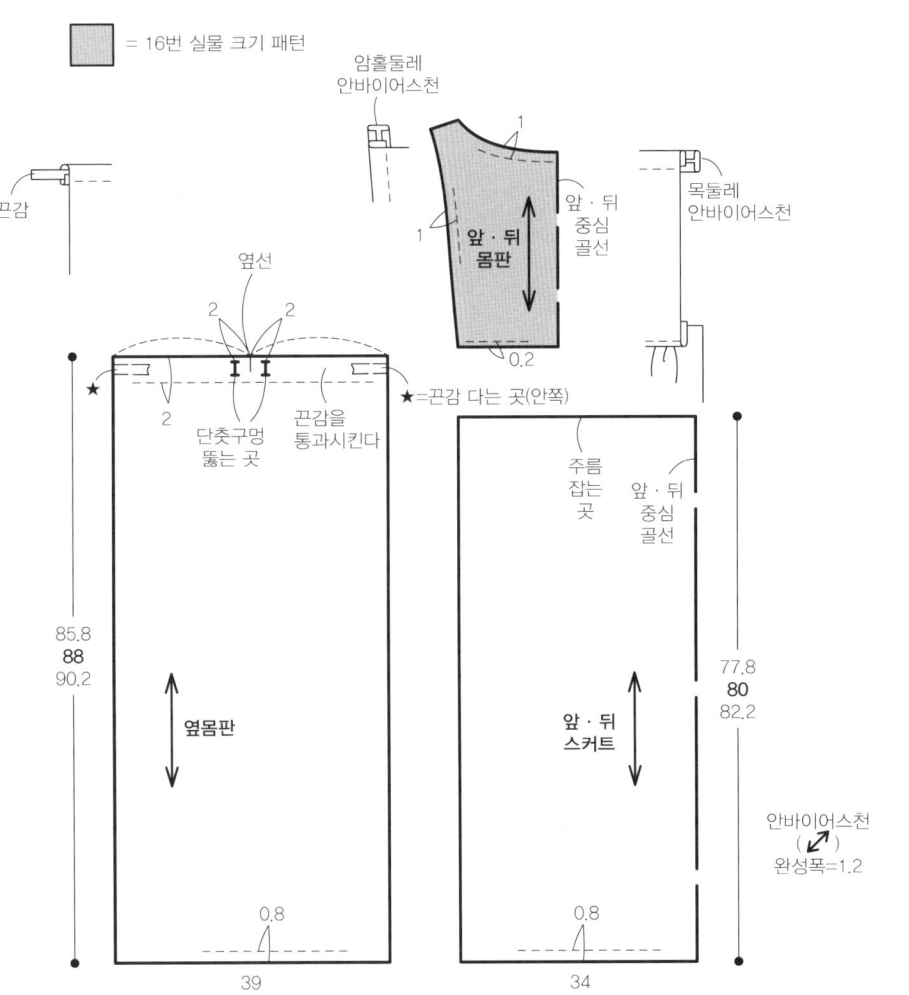
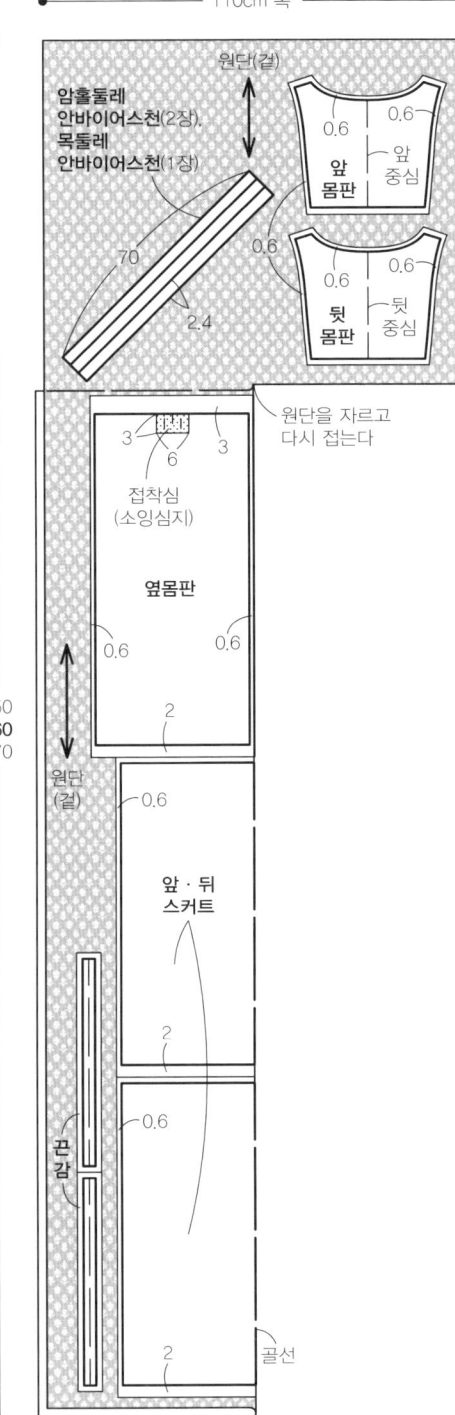

만드는 방법

1 몸판의 어깨를 봉합한다

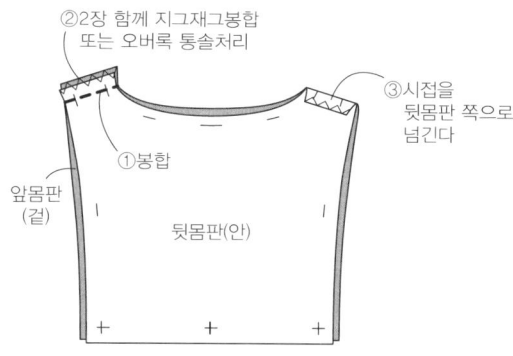

만드는 순서

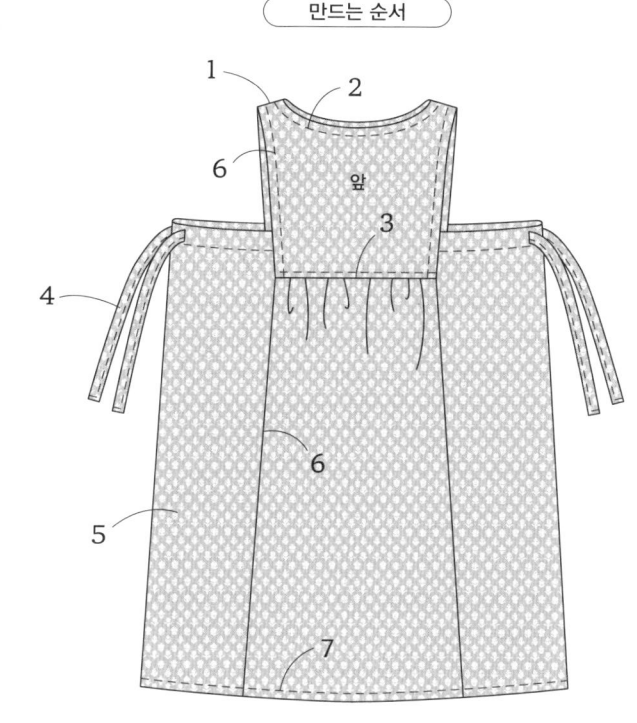

2 몸판의 목둘레를 안바이어스 처리한다
(안바이어스천 만드는 방법 p.68 참고)

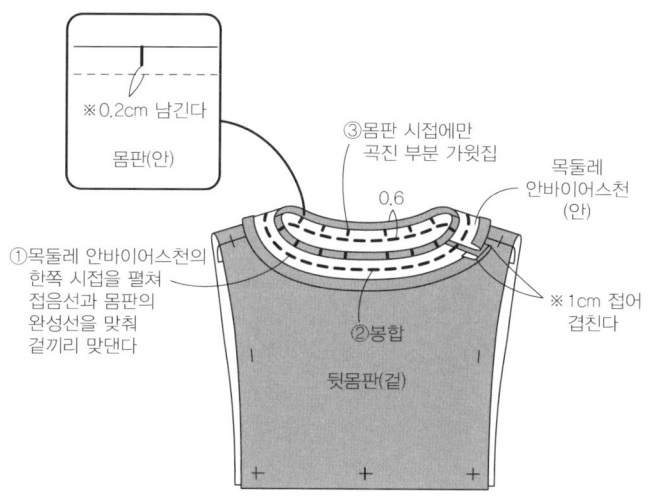

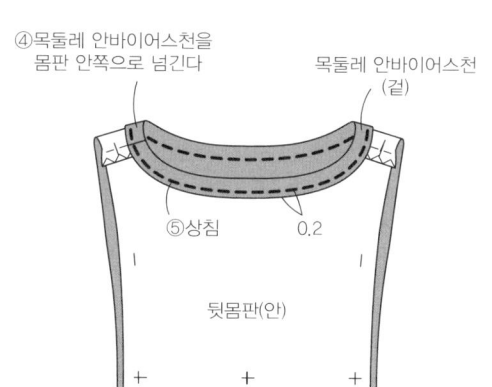

※몸판 겉에서 상침한다

3 몸판에 스커트를 단다

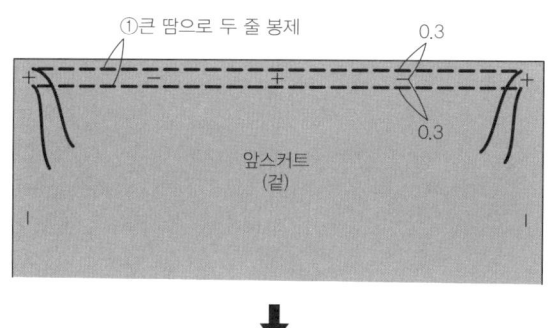

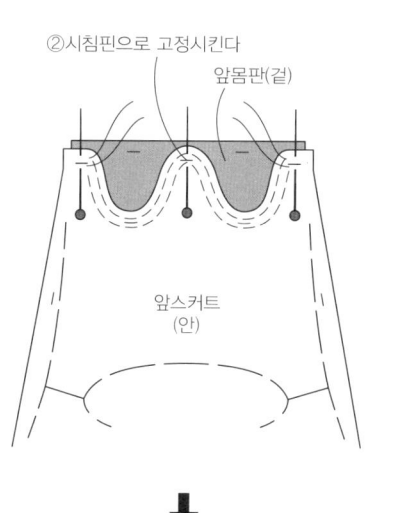

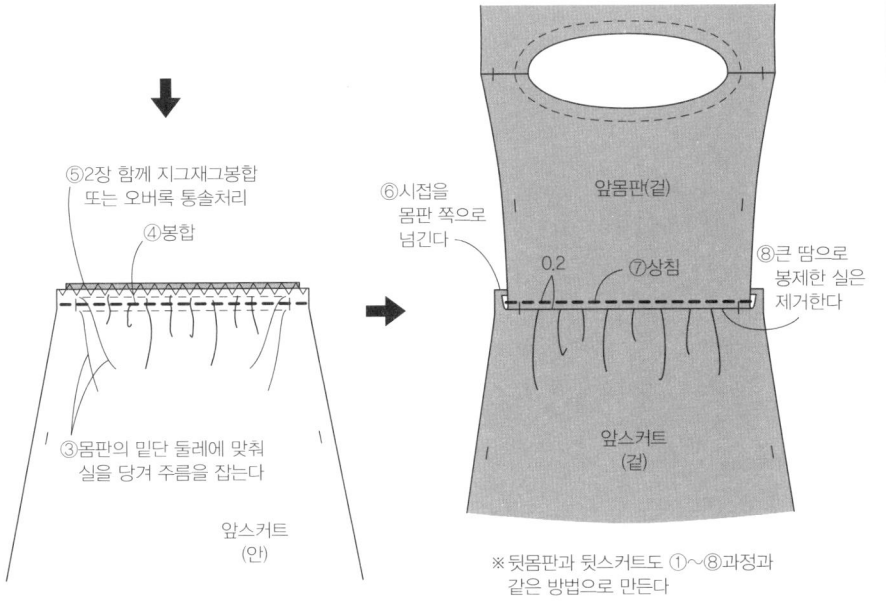

4 끈감을 만든다

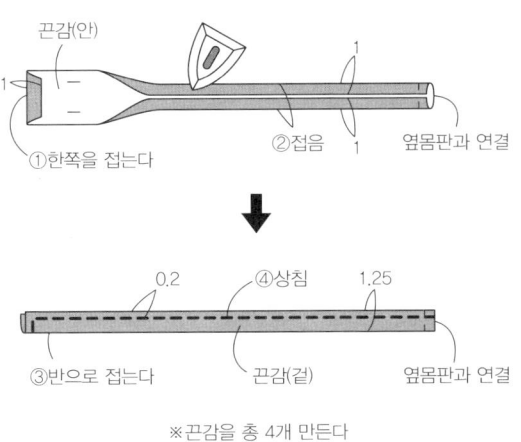

5 옆몸판을 만든다

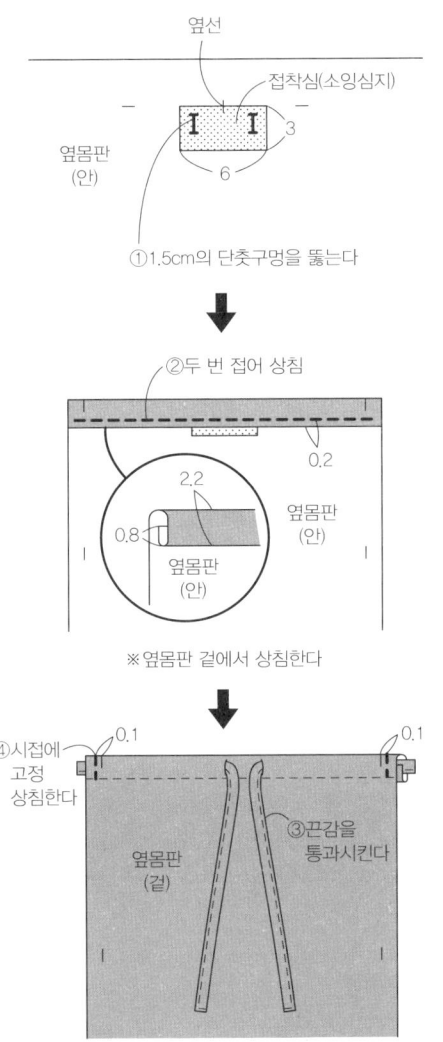

6 몸판과 스커트에 옆몸판을 달고, 암홀둘레를 안바이어스 처리한다
(안바이어스천 만드는 방법 p.68 참고)

7 몸판의 밑단을 정리한다

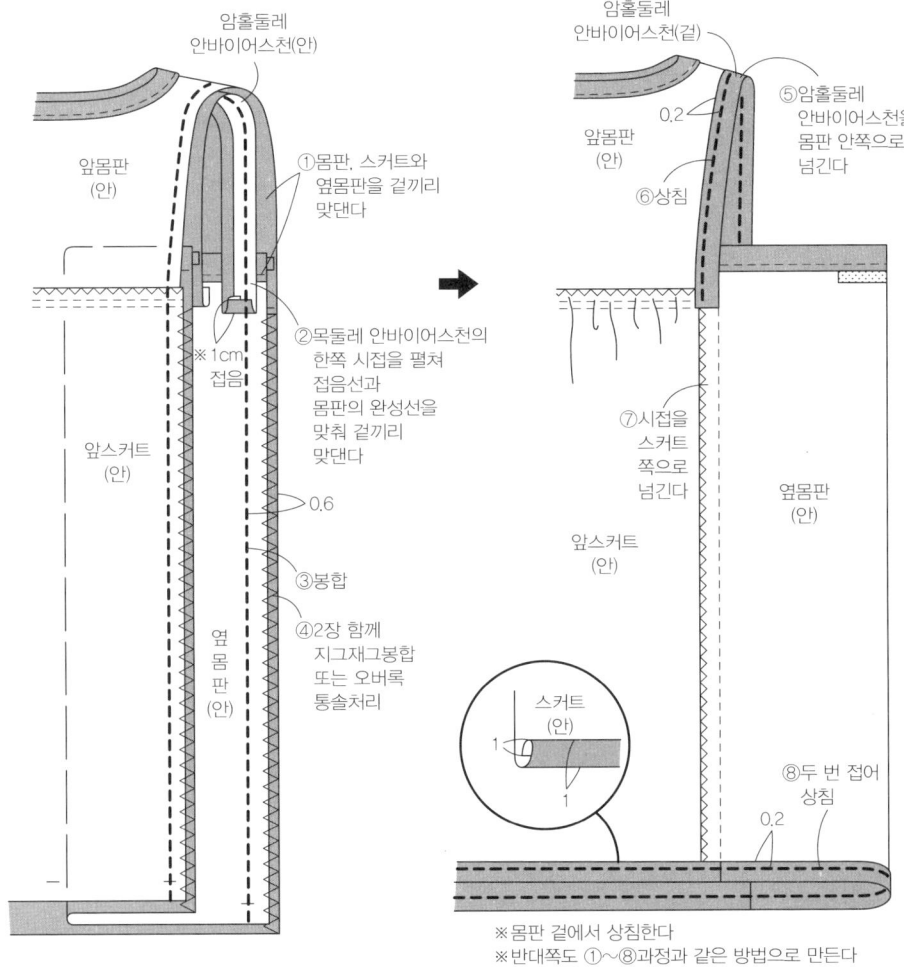

20 photo / p.30

21 photo / p.30

재료		S	M	L
20번 겉감 (코튼)	106cm폭	250cm	260cm	270cm
21번 겉감 (리넨)	105cm폭	250cm	260cm	270cm
고무줄	3cm폭	70cm	75cm	80cm
완성 사이즈	허리둘레	92cm	96cm	100cm
	팬츠길이	78cm	81cm	84cm

패턴 준비하기 B면 21번 패턴을 사용합니다.

◆ 사용 실물 패턴…앞팬츠/뒤팬츠

* 앞프릴감, 뒤프릴감은 아래 축도패턴에 기재된 치수로 직접 제도하여 사용합니다.

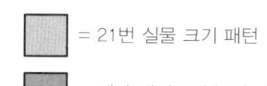

재단 배치도

· 지정 이외의 시접은 1cm
· 〰 부분에 지그재그 봉제 또는 오버록 처리한다

고무줄 길이 (시접 포함) = 68 **72** 76

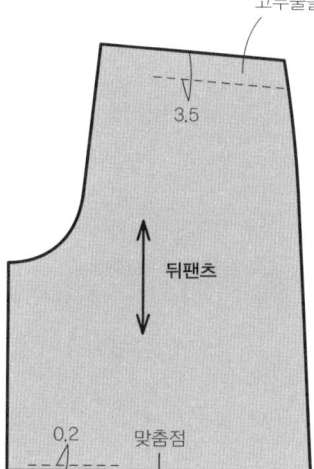
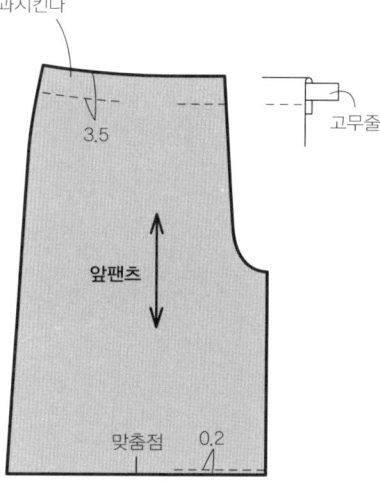
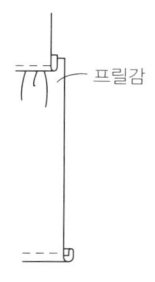

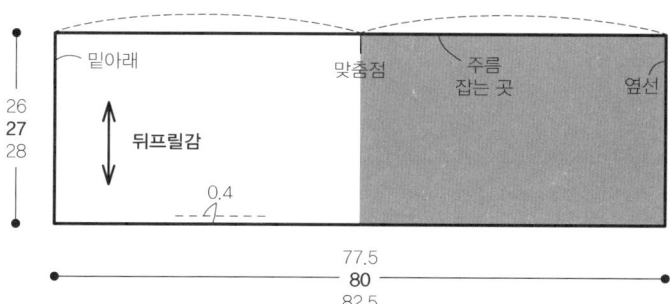
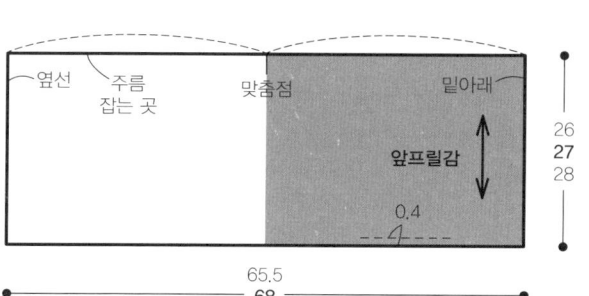

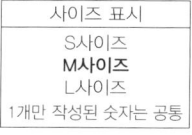

사이즈 표시
S사이즈
M사이즈
L사이즈
1개만 작성된 숫자는 공통

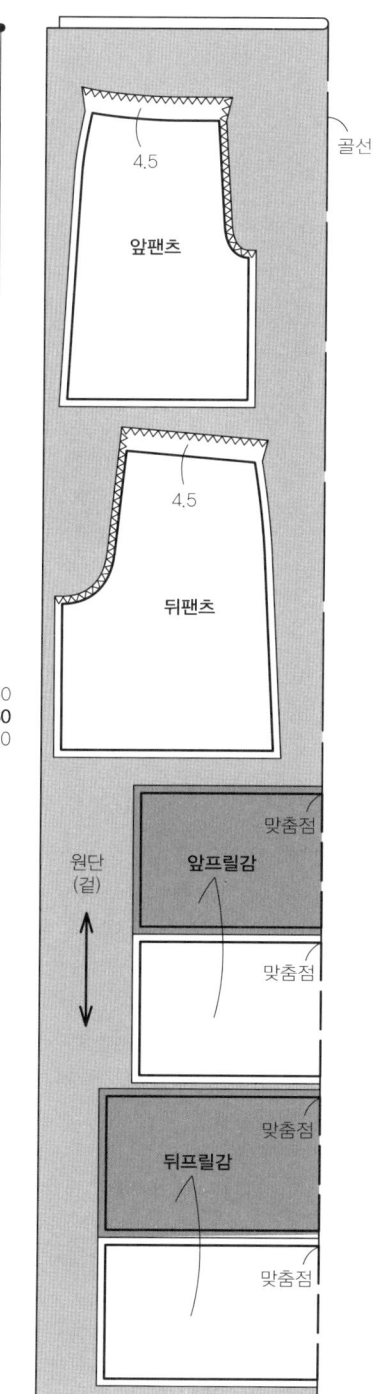

| 만드는 순서 | 만드는 방법 |

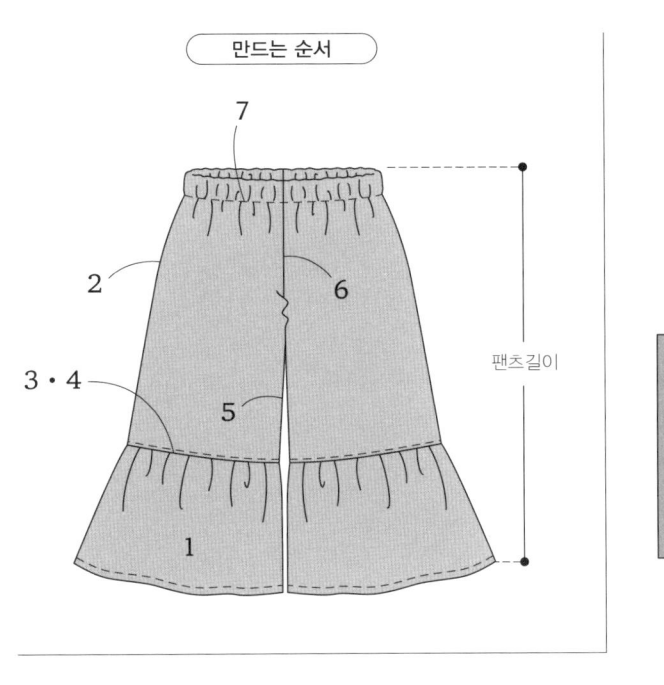

1 프릴감을 만든다

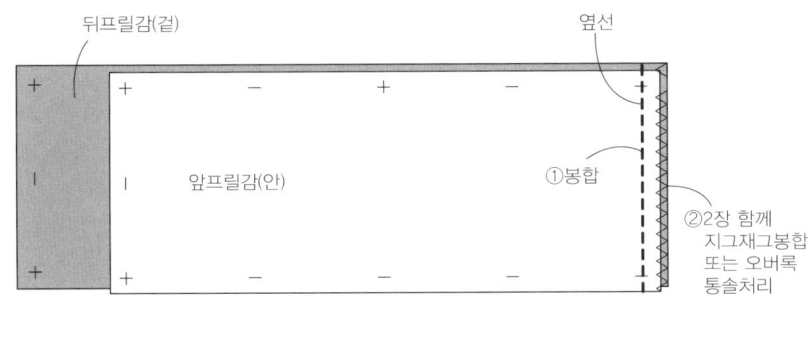

2 팬츠의 옆선을 봉합한다

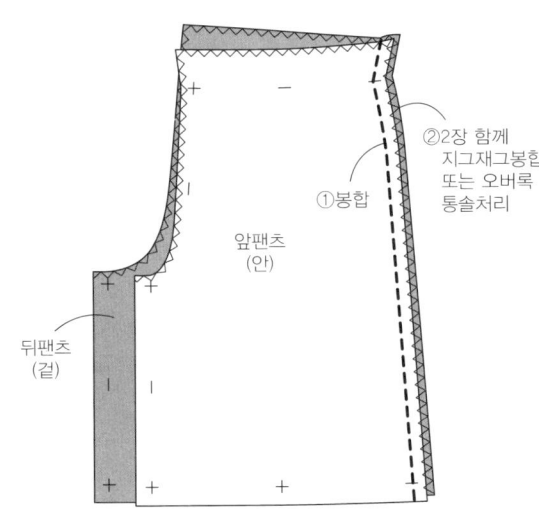

※반대쪽도 ①~②과정과 같은 방법으로 만든다

3 팬츠에 프릴감을 시침핀으로 고정시킨다

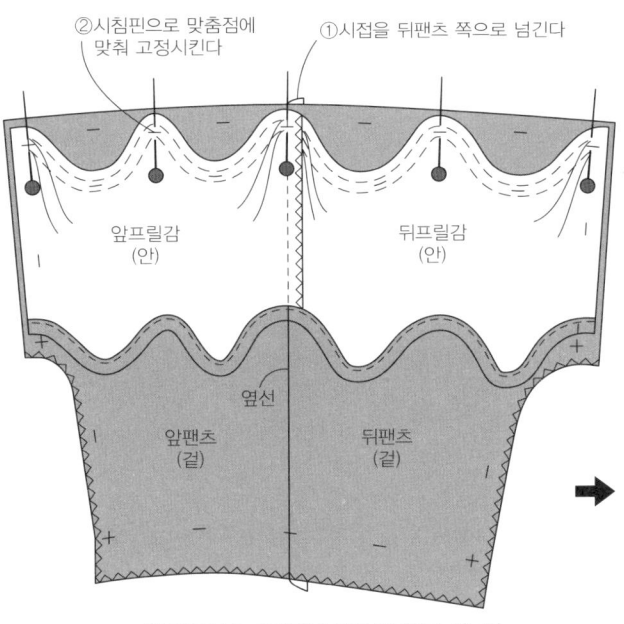

※반대쪽도 ①~②과정과 같은 방법으로 만든다

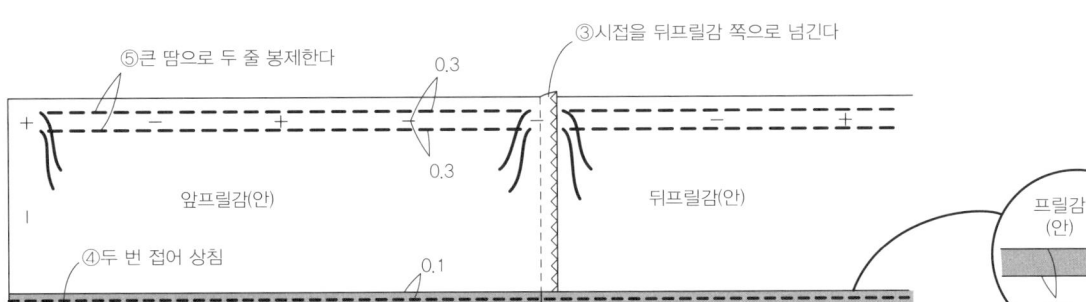

4 팬츠에 프릴감을 단다

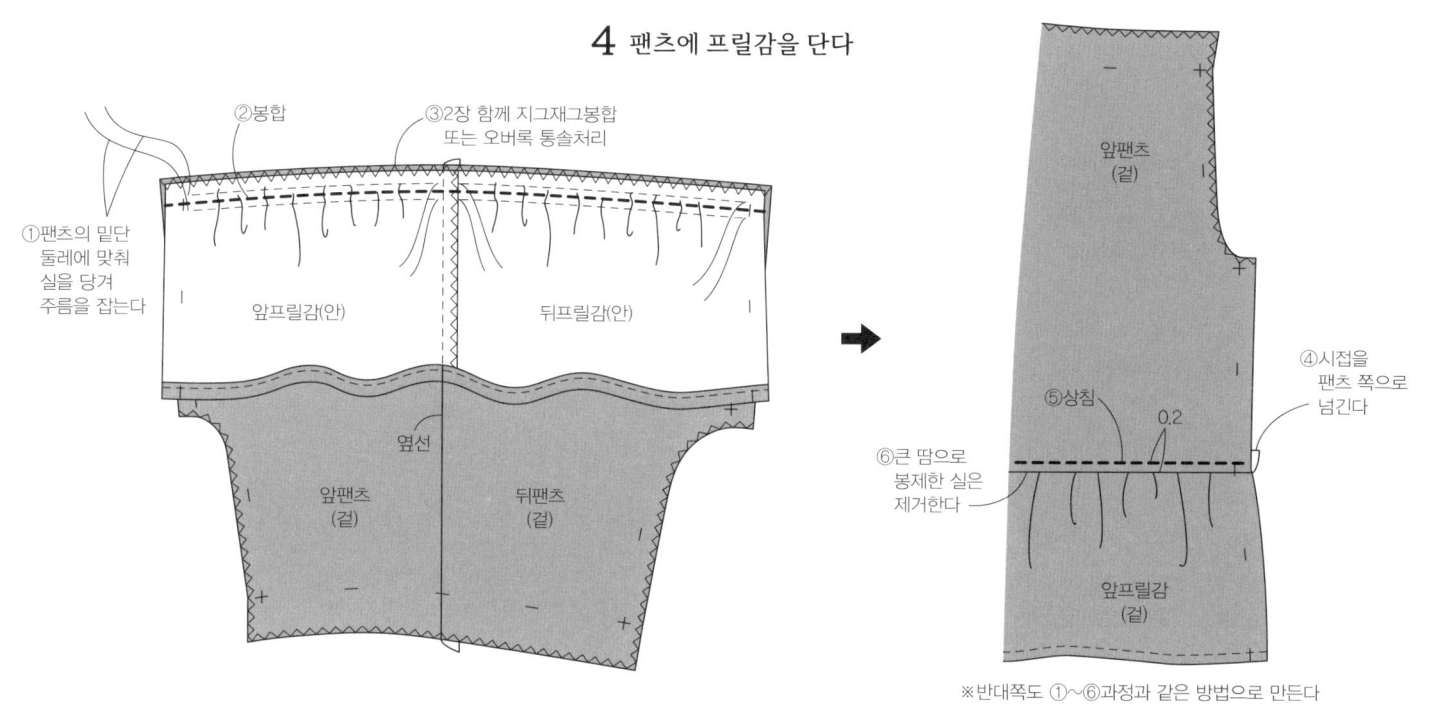

5 팬츠의 밑아래를 봉합한다

6 팬츠의 밑위둘레를 봉합한다

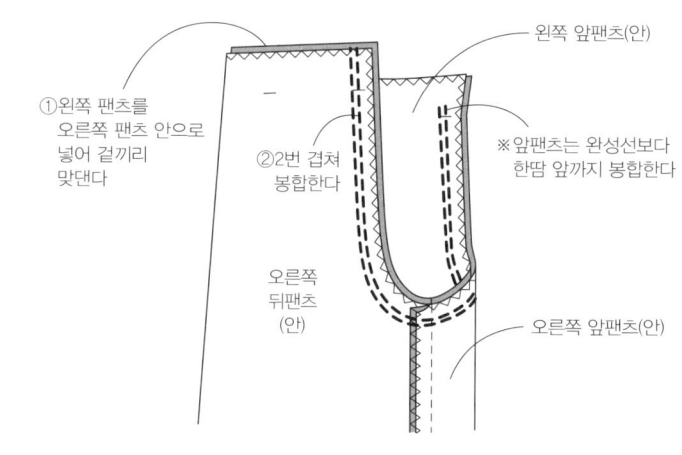

7 팬츠의 허리둘레를 정리하고 고무줄을 통과시킨다

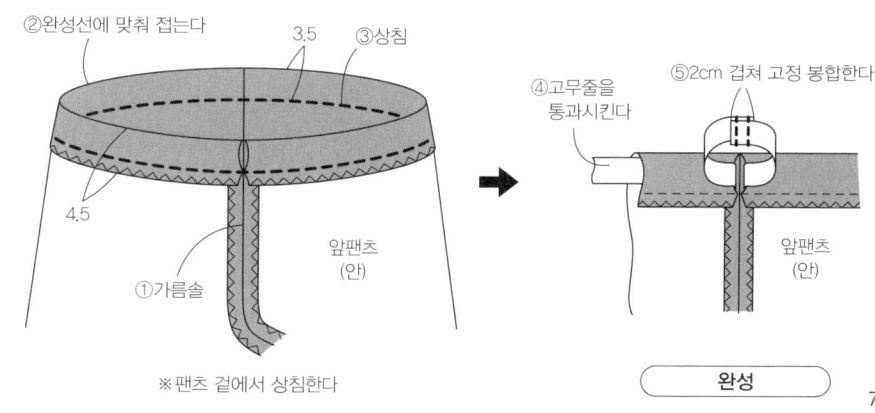

완성

실물 크기 패턴 사용 방법

1 실물 크기 패턴을 준비한다

◆ 실물 크기 패턴을 펼쳐 준비합니다.
◆ 만들고 싶은 작품 번호의 패턴이 어떤 선으로 표시되어 있는지 몇 장으로 구성되어 있는지 확인합니다.

2 실물 크기 패턴을 다른 종이에 베껴 그린다

◆ 패턴을 다른 종이에 옮겨 그려서 사용합니다. 옮겨 그리는 방법에는 아래의 두 가지 방법이 있습니다.

불투명한 종이에 베끼는 경우

불투명한 종이 위에 실물 크기 패턴을 올려놓습니다. 그 사이에 초크 페이퍼를 끼우고, 소프트 룰렛으로 패턴의 선을 따라 그려줍니다.

④ 패턴
② 불투명한 종이
③ 초크 페이퍼 (초크가 묻어 있는 면을 불투명한 종이를 향해 놓는다)
① 두꺼운 종이 (책상이 손상되지 않도록 가장 아래에 놓는다)
⑤ 소프트 룰렛 (날이 둥글기 때문에 책상이 손상되지 않고 표시만 베껴 그릴 수 있습니다)

비치는 종이에 베끼는 경우

실물 크기 패턴 위에 비치는 종이(패턴지)를 올려놓고, 펜으로 베껴 그려줍니다.

① 패턴
② 패턴지
③ 종이가 움직이지 않도록 문진이나 시침핀으로 고정한다
④ 펜을 사용한다

[패턴을 베낄 때 주의사항]

● [맞춤점] [단추 다는 곳] [트임 끝점] [올 방향]등도 잊지 않고 베끼고, 패턴 각 부분의 [명칭]도 기입합니다.
● 한 장의 패턴 안에 [앞몸판, 앞안단]등 다른 패턴이 합쳐져 기입된 패턴이 있습니다. 베낄 때는 각각 베껴 사용합니다.

3 시접을 주고 패턴을 자른다

◆ 패턴에 시접이 포함되어 있지 않기 때문에 각 작품의 재단 배치도에 기재된 치수에 따라 시접을 더해주세요.

[시접을 줄 때 주의사항]

● 서로 맞춰 봉합할 곳의 시접은 원칙적으로 같은 폭으로 합니다.
● 완성선에 평행하게 시접을 줍니다.
● 암홀둘레, 어깨, 밑단에 시접을 줄때는 베낄 종이의 여백을 남기고, 시접을 접어서 잘라 시접이 부족하지 않도록 합니다.(예 참고)
● 원단 소재의 성질(두께, 늘어남분)이나 트임 위치(뒷중심, 앞중심 등) 봉제 방법에 따라서 시접 폭은 달라집니다. 반드시 재단 배치도의 각 부위의 시접량을 확인해주세요.

완성선에 평행하게 시접을 준다

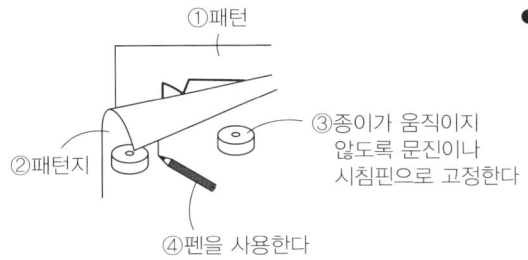

자른다

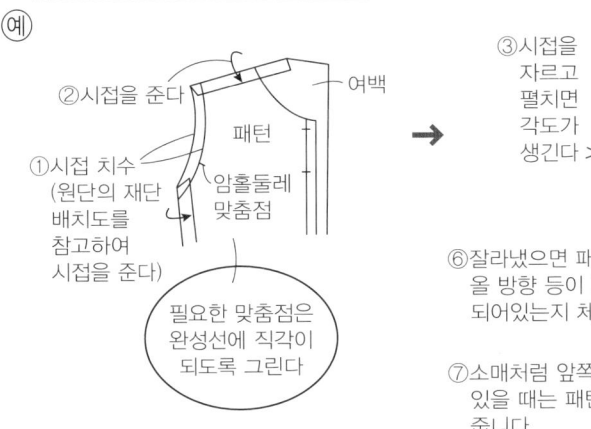

4 패턴을 원단 위에 배치하고, 원단을 재단한다

● 필요한 패턴을 원단 위에 올려놓습니다. 이때, 설명서의 재단 배치도를 참고하여 원단 접는 방법과 패턴의 올 방향(식서)등에 주의하면서 패턴을 배치하고, 원단이 움직이지 않도록 문진이나 시침핀으로 고정하면서 재단합니다.

① 큰 책상이 없으면 마루 등 원단을 펼칠 수 있는 공간에서 재단한다
② 재단하기 전, 원단 위에 패턴을 전부 놓아 보고 배치를 생각한다
③ * 올 방향(식서라고 한다. 원단의 올)
  * 세로실의 방향을 식서, 가로실의 방향을 푸서라고 한다.
  * 원단의 올 방향과 패턴에 기재된 올 방향선(↔)의 방향을 맞춰서 패턴을 배치한다.
④ 재단할 때 원단을 움직이면 어긋나기 때문에 몸을 움직여가면서 재단한다
⑤ 직선 패턴은 실물 크기 패턴이 없으므로 직접 원단에 그려 재단한다

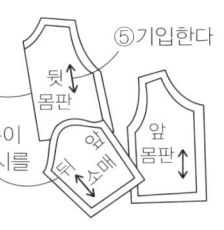

민간자격 등록번호 2017-004750

사단법인 AMSA 아시아머신소잉협회

아시아머신소잉협회(AMSA : ASIA MACHINE SEWING ASSOCIATION)는 소잉전문영역에서 가장 높은 교육수준을 유지하여 작가와 강사를 양성하고, 그 강사들이 모여 구성된 명실공히 국내 최대의 협회입니다.
AMSA는 능률적이고 안정적인 소잉을 구현할 수 있는 소잉기술을 바탕으로 교육 프로그램, 교재를 마련하고 이들의 품질을 계속적으로 개선하고 감독합니다.
또 강사에게 자격을 부여하고 AMSA 교육을 전파하기 위한 지원 서비스를 합니다.

소잉마이스터강사 320명	90개의 대리점과 공방
매년 2,400명 취미반 양성	강사준비 500명 진행중

AMSA 정규과정 운영과정

- 취미반 수강 (2~6개월)
  ▼
- AMSA 정규과정 수강 (6~15개월)
  ▼
- 포트폴리오 등록 (인증시험 2개월전)
  ▼
- 포트폴리오 및 실물 심사 (인증시험 1개월전)
  ▼
- 정규과정 인증시험 합격

- 소잉 아트 디자이너 자격 취득
  ▼
- MSET 수료 또는 소잉 관련학과 졸업과 심사
  ▼
- 소잉 마이스터 자격 취득
  ▼
- 정규과정 교육운영 (강사용 정규과정 교재 수령)

※ 본 머신 소잉 지도강사 자격은 매년 갱신됩니다.

〈2021년 제 12회 전시회〉 주제-나가다 만나다
〈2020년 제 11회 전시회〉 주제-SEWING WITH MOVIES
〈2019년 제 10회 전시회〉 주제-쏘라벨

협회원 누적 15,000명이 먼저 경험한 검증된 정규 운영과정입니다.
취미반부터 소잉 지도강사 자격증까지 쭉 경험해보세요.

**여러분도 창업이 가능한 소잉강사가 될 수 있습니다.
지금 바로 문의하세요~**

AMSA 사무국 　 전화번호 070.8281.8958 　 팩스 062.522.8827 　 이메일 amsa2009@naver.com 　 홈페이지 amsa.or.kr

사무국 주소 - 광주광역시 북구 서암대로 133, 3층 　 교육장 주소 - 대전광역시 서구 탄방동 768, 5층 501호

대한민국 대표 소잉 D.I.Y 전문 출판사 소잉스토리의 개발 단행본 시리즈

SEWING HARUE

프로페셔널 기획과 짜임새 있는 완성도를 바탕으로
2009년 한국 최초의 소잉 D.I.Y 잡지로 창간된 "소잉 하루에" 시리즈는
현재는 단행본 형식으로 변경하여 매 시즌 트렌디한 아이템들로 기획, 매년 3회씩 발간하고 있습니다.

"소잉 하루에" 만의 특별한 구성!

친절한 sewing tip & all color 일러스트 설명서 & 편리한 실물크기 패턴 부록

한국 소어들의 니즈와 체형에 딱 맞는 아이템들로 기획, 제작한 "소잉 하루에" 시리즈를 지금 만나보세요.

SEWING HARUE vol. 28

**직접 만들어 입고 싶은
COUPLE LOOK 20**

20작품 수록 / 108쪽 / 정가 18,000원
실물크기 패턴 2매(4면) 20작품 수록

[직접 만들어 입고 싶은 COUPLE LOOK 20] 에서는 사랑하는 사람과 함께 즐길 수 있는 커플 룩을 주제로 남/여 의상 20작품을 10가지 커플 룩으로 수록했습니다. 사랑하는 사람과 함께 세상에 단 하나뿐인 커플 패션을 즐겨보세요.

SEWING HARUE vol. 29

**우리 아이를 위한
특별한 핸드메이드 옷과 소품**

23작품 수록 / 112쪽 / 정가 18,000원
실물크기 패턴 2매(4면) 22작품 수록

[우리 아이를 위한 특별한 핸드메이드 옷과 소품] 에서는 사랑스러운 우리 아이를 위한 의상과 소품 총 23작품을 50~70사이즈, 80~130사이즈로 알차게 담았습니다. 마음과 정성을 다해 세상에 단 하나뿐인 작품을 만들어 선물해보세요.

SEWING HARUE vol. 30

**에이프런과 원피스
그리고 리넨 handmade**

20작품 수록 / 108쪽 / 정가 18,000원
실물크기 패턴 2매(4면) 20작품 수록

[에이프런과 원피스 그리고 리넨 handmade] 에서는 다양한 에이프런을 한 권에 담았습니다. 여성 에이프런, 원피스 / 아동 에이프런, 원피스 총 20 작품을 수록하였습니다. 나만의 감성 에이프런을 만나보세요.

SEWING HARUE vol. 22

미네와 함께 하는
'우리 가족 소잉 소품과 의상'

39작품 수록 / 194쪽 / 정가 17,000원
실물크기 패턴 2매(4면) 39작품 수록

[미네와 함께 하는 우리 가족 소잉 소품과 의상]에서는 나와 내 아이, 배우자의 일상을 가득 채워 줄 다양한 쓰임새의 소품과 의상을 소개합니다. 총 39작품을 모두 일러스트 제작 설명서로 수록하였습니다. 특별한 선물을 준비해보세요.

SEWING HARUE vol. 23

정성이 깃든
우리 가족 한복 만들기

28작품 수록 / 150쪽 / 정가 16,000원
실물크기 패턴 2매(4면) 28작품 수록

[정성이 깃든 우리 가족 한복 만들기]에서는 아름다운 우리 한복을 일상에서 함께 할 수 있도록 아동 전통 한복과 생활 한복, 성인 한복과 한복 소품 28종을 수록했습니다. 우리 가족을 위한 한복을 내 손으로 직접 만들어 보세요.

SEWING HARUE vol. 24

깔끔한 실루엣의
원피스 만들기 25

25작품 수록 / 128쪽 / 정가 16,000원
실물크기 패턴 2매(4면) 25작품 수록

[깔끔한 실루엣의 원피스 만들기 25]에서는 기본 원피스, 주름 원피스, 프린세스 원피스, 랩 원피스, 셔츠 원피스, 소품 총 6가지 테마의 원피스와 소품 25작품을 한 권에 담았습니다. 아름다운 실루엣이 가득한 원피스 작품들을 만들어보세요!

SEWING HARUE vol. 25

편안하고 특별한
핸드메이드 여성복

31작품 수록 / 144쪽 / 정가 18,000원
실물크기 패턴 2매(4면) 31작품 수록

[편안하고 특별한 핸드메이드 여성복]에서는 나의 일상을 채워 줄 다양한 스타일의 여성복을 소개합니다. 베스트, 티셔츠, 블라우스, 셔츠, 자켓, 하의 총 6가지 테마의 작품 31종을 수록하였습니다. 일상 속 소잉의 즐거움을 느껴보세요.

SEWING HARUE vol. 26

네 가지 스타일의
핸드메이드 여성복

32작품 수록 / 152쪽 / 정가 18,000원
실물크기 패턴 2매(4면) 32작품 수록

[네 가지 스타일의 핸드메이드 여성복]에서는 네 작가들의 각각의 취향과 마음을 담은 작품들을 소개합니다. 작가별로 8작품씩 총 32작품을 수록하고 있어 다양한 스타일의 아이템을 한 권으로 만날 수 있습니다. 나의 취향을 발견해보세요.

SEWING HARUE vol. 27

Daily lady's closet
사계절 핸드메이드 여성복

20작품 수록 / 120쪽 / 정가 18,000원
실물크기 패턴 2매(4면) 20작품 수록

[Daily lady's closet 사계절 핸드메이드 여성복]에서는 일 년 내내 다양하게 레이어드하여 즐길 수 있는 여성복 상의, 원피스, 하의, 아우터, 소품 총 20작품을 수록했습니다. 간편하면서도 감각적인 데일리 룩을 만나보세요.

여러 구매처 및 온/오프라인 서점에서
다양한 〈소잉 하루에〉 시리즈를 만나 보세요!

 패션스타트    심플소잉    퀼트스타   패턴인 스마트스토어

SEWING STORY

핸디스 소잉스토리 출판사는 소잉 D.I.Y 전문 출판사입니다. 개발 단행본 시리즈인 소잉 하루에, 그리고 일본에서 인기 있는 소잉 서적을 번역하여 출간합니다. 소잉스토리 홈페이지에서 더 많은 출간서적을 확인해보세요.

소잉하는 사람의 마음과 손으로 짓는 책, 소잉스토리의 안목으로 선정한 번역서들을 만나보세요.

오늘도 내일도 핸드메이드 원피스

21작품 수록 / 88쪽 / 정가 18,000원
실물크기 패턴 2매(4면) 16작품 수록

[오늘도 내일도 핸드메이드 원피스]에서는 심플하고 밝은 느낌의 다양한 여성 원피스로 구성되어 있습니다. 나만의 감성을 자극하는 원피스로 사랑스러운 느낌을 연출해 보세요.

내가 만들어 입는 코디네이트 룩

26작품 수록 / 88쪽 / 정가 18,000원
실물크기 패턴 2매(4면) 26작품 수록

[내가 만들어 입는 코디네이트 룩]에서는 셋업 스타일을 주제로 총 6가지 코디를 구성하여 다양한 디자인의 여성복 아이템들을 한 권에 담았습니다. 심플하고 멋스러운 셋업 스타일을 즐겨보세요.

리넨으로 만드는 에이프런과 소품 36

36작품 수록 / 88쪽 / 정가 18,000원
실물크기 패턴 1매(2면) 36작품 수록

[리넨으로 만드는 에이프런과 소품 36]에서는 다양한 디자인의 여성 에이프런과 여성복, 커플로 코디할 수 있는 남성용, 아동용 에이프런과 소품을 한 권에 담았습니다. 나와 사랑하는 사람들을 위한 에이프런을 지금 만들어 보세요.

즐겨 입는 핸드메이드 여성복 35

35작품 수록 / 88쪽 / 정가 18,000원
실물크기 패턴 1매(2면) 28작품 수록

[즐겨 입는 핸드메이드 여성복 35]에서는 다양한 형태의 여성복을 소개합니다. 또한 나만의 코디를 돋보이게 해줄 가방과 브로치 등 소품들을 함께 담았습니다. 나만의 감성, 취향을 한껏 담은 핸드메이드 패션을 즐겨보세요.

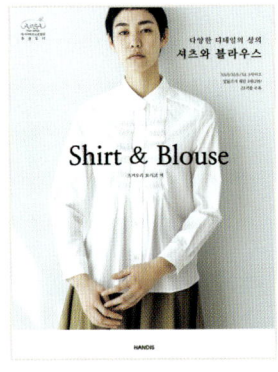

다양한 디테일의 상의 셔츠와 블라우스

25작품 수록 / 96쪽 / 정가 16,000원
실물크기 패턴 1매(2면) 25작품 수록

[다양한 디테일의 상의 셔츠와 블라우스]에서는 다양한 디테일이 담긴 여성 상의들을 소개합니다. 소매의 형태부터 밑단 처리, 핀턱 장식 등 소잉에 유용한 디테일이 담긴 작품이 25종 수록되어 있습니다. 내가 원하는 디테일을 골라 만들어보세요.

매일 입고 싶은 핸드메이드 여성복 만들기

14작품 수록 / 88쪽 / 정가 17,000원
실물크기 패턴 2매(4면) 14작품 수록

[매일 입고 싶은 핸드메이드 여성복 만들기]에서는 여성들에게 사랑받는 아이템인 블라우스부터 원피스, 스커트, 팬츠 등 다양한 아이템 14종을 All Color 사진 제작 설명서로 수록했습니다. 일상을 함께하고 싶은 여성복을 직접 만들어보세요.

여러 구매처 및 온/오프라인 서점에서 다양한 소잉스토리 서적들을 만나 보세요!

패션스타트

심플소잉

퀼트스타

패턴인 스마트스토어

초보자의 눈으로 개발하는 **실물 패턴전문 브랜드 패턴인!**

1600 여종의 상품 보유 및 매달 신상품 출시!

point 1
재단배치도 부터 소잉 팁 까지
꼼꼼한 사진제작 설명서와 웹 제작 설명서로
쉽고 재미있게!

point 2
패턴 전문 캐드를 사용한
전사이즈 실물 패턴과 사이즈별 칼라선으로
깔끔하고 편리하게!

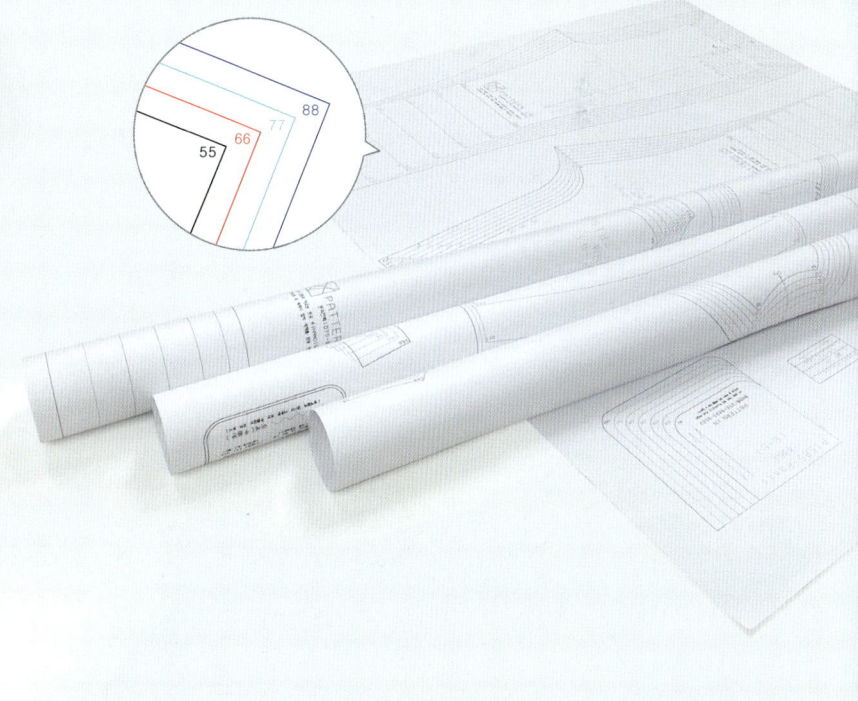

아래의 구매처에서 패턴인의 모든 상품을 만나 보세요!

패션스타트 / 패션스타트 전국 대리점 / 심플소잉 / 심플소잉 전국 대리점
퀼트스타 / 천가게 / 인패브릭 / 앤쏘라이프 / 인패브릭 / 선퀼트
아이러브아이옷 / 원단천국 / 원단1번지

패턴인 스토어팜

Tiffany

바늘 끝에서 피어나는 아름다움

심플하고 세련된 외모와 독보적인 자수 사이즈로
가정용 자수기의 한계를 뛰어넘어
작품을 예술 그 자체로 만들어줍니다.

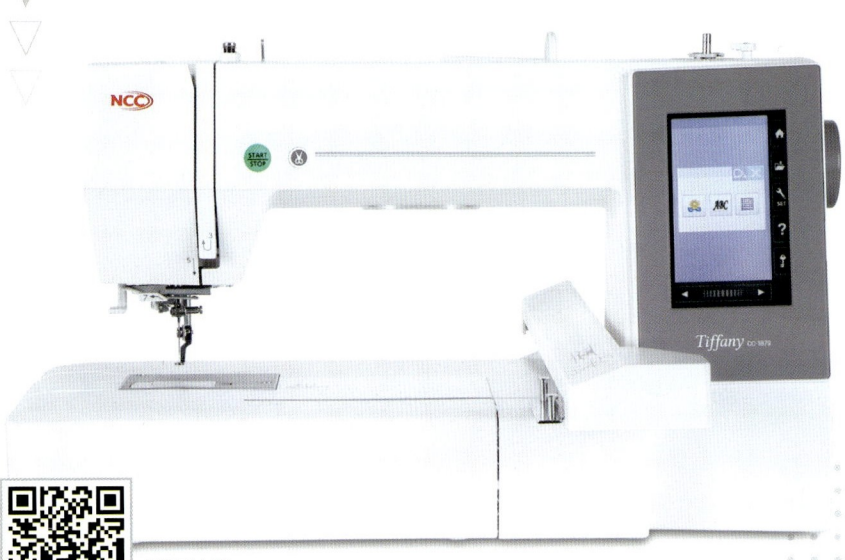

TIFFANY
자세히 알아보기

TIFFANY 특징

01 시크한 웜그레이 포인트 디자인

02 최대 자수 영역 200×360mm

03 최대 자수 속도 860SPM

04 180가지 실용적인 내장 자수 디자인

TIFFANY 기능

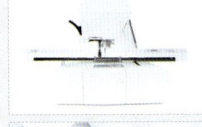
와이드 자수 캐리지
초대형 후프를
안전하게 지탱

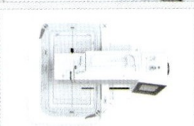
자수틀 고정장치
더 간편하고 안정적인
레버 + 핀고정 방식

확장판 테이블
더 넓은 작업 공간

LED 조명
어두운 곳에서
더 빛나는 5개의
LED 조명 탑재

프리텐션 실가이드
윗실의 꼬임·빠짐을
방지하여 실공급을
원활하게

3곳의 사절 장치
가위 없이도
언제나 편리하게

심플소잉

국내 최초 재봉틀 공방 브랜드

심플소잉은 국내 30여 개의 대리점을 보유한
국내 최초 DIY 소잉 전문 브랜드입니다.

어떤 분야에 관심이 있으신가요

재미와 실용성을 두루 갖춘 **소품 만들기 과정**

내 손으로 옷을 짓는 감동 **옷 만들기 과정**

소잉의 모든 것 '심플소잉'

고품질의 미싱
디자인, 기능, 내구성을 두루 갖춘 품격있는 미싱을 직접 체험할 수 있습니다.

다양한 소잉 전문 원단/부자재
국내·외 다양한 원단/부자재를 보유하고 있어 작품의 완성도를 높여줍니다.

체계적인 소잉 교육
기초부터 마스터까지 전문 강사님과 함께하여 어렵기만 했던 소잉이 쉽고 재미있어집니다.

전문 강사반 운영
AMSA만의 소잉 전문 교육을 통해 소잉 작가로서의 활동은 물론 공방 창업에 큰 도움을 드립니다.

심플소잉 대리점 안내

서울·경기·강원 지역

강남개포점 070-8836-9394	경기광주오포점 031-767-6415
남양주별내점 031-572-7353	분당판교점 031-703-3841
수원광교점 031-211-3885	수원영통점 031-273-9411
수지신봉점 031-264-3769	안양동편마을점 031-703-7249
용인죽전점 031-265-0301	원주단구점 033-762-0251
이천창전점 031-638-8904	인천구월점 032-233-0708
일산주엽점 031-906-6577	하남미사점 031-795-3108
화성동탄점 070-4190-3830	

충청 지역

대전노은점 070-7776-5337	서산호수공원점 041-665-0607
아산배방점 041-532-5476	제천중앙점 043-642-3106
천안백석점 070-4078-9135	천안신방점 041-579-7275
청주가경점 043-232-0306	청주율량점 043-900-3579

경상 지역

경주용황점 010-9778-5588	김해내외점 055-337-5744
동래온천점 051-365-1591	양산물금점 055-388-3636
울산약사점 052-296-1009	창원남양점 055-263-5662
포항대이점 054-272-6349	

전라 지역

광주시청점 062-375-0525	군산지곡점 063-468-6338
목포하당점 061-287-8155	순천동외점 061-900-9965
여수엑스포점 061-642-0427	전주송천점 063-278-1088

대리점 개설 상담 및 문의

Kohas iD Co., Ltd
1644-5662

차별화된 '심플소잉'만의 교육

 수강 최대 인원 5명 소수 인원제 밀착 수업

 내 스케줄에 맞춰 수강하는 수업 사전 예약제

 충분히 갖춰진 소잉 전문 환경

 정규과정 교재 & 실물 패턴 제공

 홈패션, 소품, 의상을 한 곳에서

 초보에서 마스터가 되기 위한 단계별 학습

 모두 똑같은 패키지 NO! 나만의 개성 있는 작품

 소잉 전문 교육을 통한 창업 인재 양성

Happy Bears
해피베어스

For your happy sewing

FROM HAPPY BEARS

직접 만들어서 더 의미있는 DIY 작품은 어떤 마음을 가지고 만드냐에 따라서 그 가치가 또 달라지는 것 같아요. 누군가를 걱정하고, 아끼고, 사랑하는 마음을 담아 완성 한다면 그 마음까지 함께 고스란히 전해지는 것이 손으로 직접 만드는 핸드메이드 (HAND MADE)가 아닐까 생각됩니다 :)

해피베어스 역시 소잉 DIY를 하는 모든 사람들을 위하는 마음을 담아 소잉작업에 필요한 좋은 상품(Product)을 고민하여 보다 더 멋진 작품을 완성할 수 있고, 늘 즐겁고 행복한 작업시간을 가질 수 있도록 가치있고, 실용적인 다양한 소잉 부자재를 기획하는데 노력하고 있습니다.

01 작품의 완성도와 품격을 UP ↑
프라임 소잉전용실

의상, 소품, 홈패션, 미싱퀼트, 자수 등 작품 구분없이 사용 가능하며 일반 원단부터 아사(론), 시폰, 수영복원단, 다이마루, 모직 등 다양한 원단을 봉제할 수 있는 멀티실입니다. 코어(CORE)사로 일반 폴리에스테르실에 비해 내구성이 Good! 파인 프라임(53수2합/얇은 원단용), 프라임(45수2합/일반 원단용), 스티치 프라임(29수3합/두꺼운 원단용) 총 3종으로 구성.

SIZE 약 바닥 3 X 높이 5cm
파인 프라임/프라임(400m), 스티치 프라임(200m)
PRICE 프라임 2,600원 / 파인, 스티치 프라임 2,800원

02 린넨에 잘 어울리는 따뜻한 색감
프라임 소잉전용실 린넨 40색 패키지

린넨 원단에 어울리는 내추럴한 색감의 프라임 소잉전용실(45수2합) 40색이 1세트로 구성되어 있습니다. 따뜻한 색감에 스탬핑 처리되어 있는 감각적인 디자인의 크라프트 실박스에 깔끔하게 담겨 있습니다.

SIZE 박스사이즈 약 가로 19 X 세로 28.5 X 높이 6.5cm
PRICE 93,600원

03 달달한 분위기를 더해요
마시멜로 무지개실

실 한가닥에 다채로운 색상이 그러데이션되어 있어 무척 매력적인 무지개실. 미실퀼트, 미싱자수, 의상, 소품, 홈패션 등 다양한 작품에 사용할 수 있는 달콤한 멀티실입니다. 일반 무지개실과 달리 실 중심에 나일론사가 들어있는 코어(CORE)사로 내구성 또한 Good! 총 10컬러 구성.

SIZE 약 바닥 3 X 높이 5cm / 45수2합 / 400m
PRICE 3,800원

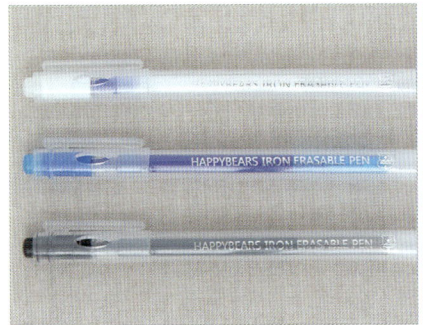

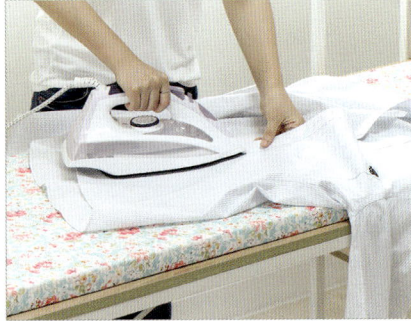

04 제도/재단 작업시 없어선 안될 필수템
아이론 열펜

펜 촉의 팁 두께는 0.5mm 정도로 선이 비교적 가늘고 견고하게 그어지기 때문에 섬세한 작업에 사용하기 좋고, 작업후 다리미의 열만으로 쉽게 선을 지울 수 있어 간편합니다. 3가지 색상으로 구성.

SIZE 심 두께 약 0.5mm
PRICE 1,800원

05 덕분에 작업 시간이 줄었어요
아이론 시접자

아이론 시접자는 고열에 녹지 않는 특수 열경화성 아크릴 소재로, 직선, 곡선, 완만한 곡선, 각지거나 둥근 모서리 부분 등 거의 모든 시접 부분을 한번에 손쉽게 다릴 수 있는 스마트한 시접자입니다. 원단을 꺾어 원하는 치수에 재단선을 맞춘 다음, 꺾인 부분을 다려주세요. 2가지 사이즈로 구성.

SIZE 약 20X10cm / 약 30X10cm / 두께 약 0.4mm
PRICE 10,000원 / 12,000원

06 작품의 완성도는 다림질에서 결정!
아이론 매트(다리미 스펀지)

아무리 봉제를 잘했어도 다림질이 어색하면 완성도도 떨어지고, 멋진 라인을 만들기 힘들죠! 안정감있는 넓은 사이즈, 내구성과 실용성 만점인 아이론 매트는 원하는 예쁜 원단으로 커버링을 해주면 디자인까지 만점이 되는 강추 아이템! 2가지 사이즈로 구성.

SIZE 약 60X45cm / 약 150X50cm / 두께 약 3cm
PRICE 9,000원 / 17,000원

〈상품구매처〉 심플소잉 / 심플소잉대리점 / 패션스타트 / 패션스타트 대리점 / 퀼트스타 / 그외 온·오프라인